MERISE
APPLIQUÉE

CHEZ LE MÊME ÉDITEUR

C. CHARTIER-KASTLER
APPLIQUER MERISE
Exercices et études de cas

J.P. MATHERON
COMPRENDRE MERISE
Outils conceptuels et organisationnels

J.P. MATHERON
EXERCICES ET CAS POUR COMPRENDRE MERISE

J.P. MATHERON
APPROFONDIR MERISE
Tome 1

M. DIVINÉ
PARLEZ-VOUS MERISE?

D. BANOS, M. MOUYSSINAT
DE MERISE AUX BASES DE DONNÉES
S.G.B.D. Hiérarchique, réseau, relationnel

D. BANOS, G. MALBOSC
MERISE PRATIQUE
1. Les points-clés de la méthode
2. Informatiser la fonction ACHAT

PHAM THU QUANG, J.J. GONIN
RÉUSSIR LA CONDUITE DE PROJETS INFORMATIQUES
Guide pratique du chef de projet

M. SOBERMAN
GÉNIE LOGICIEL EN INFORMATIQUE DE GESTION

I.G.L. TECHNOLOGY
SADT. UN LANGAGE POUR COMMUNIQUER

MERISE APPLIQUÉE

CONCEPTION DES SYSTÈMES D'INFORMATION
DE LA THÉORIE À LA PRATIQUE
MÉTHODE ET OUTILS

PHAM THU QUANG

CYRILLE CHARTIER-KASTLER

Préface de Michel DEVEVEY

Avant-propos de Hubert TARDIEU

TROISIÈME ÉDITION
deuxième tirage
1993

EYROLLES

LES ÉDITIONS EYROLLES
vous proposent
deux services gratuits

---

1 - UN CATALOGUE COMPLET
de la discipline qui vous intéresse :

vous nous écrivez en nous précisant cette discipline et votre adresse

2 - UN SERVICE PERMANENT D'INFORMATIONS
sur nos nouvelles parutions :

vous retournez la carte postale que vous trouverez dans ce livre

ÉDITIONS EYROLLES - Service "Lecteurs"
61, Bld Saint Germain - 75240 Paris Cedex 05
Tél. : (1) 44.41.11.54.

À mes parents,
À ma femme Cuc Phuong et à mes enfants
Phuong Van, Phuong Thu et Quang Khoi.

À mon pays d'origine, le Viêt-nam éternel.

PHAM THU QUANG

À ma femme

CYRILLE CHARTIER-KASTLER

PHAM THU QUANG, titulaire de nombreux diplômes universitaires (Économie, Gestion, Organisation et Informatique) est expert en systèmes d'information et spécialiste du génie logiciel, activité dont il a été consultant et responsable au sein de plusieurs directions informatiques.

De par son activité, Pham Thu Quang a été amené à travailler à la fois aux États-Unis et dans plusieurs pays européens, dont il connaît bien la langue et les pratiques méthodologiques.

Membre de différentes commissions pédagogiques et comités de programme, Pham Thu Quang est également expert auprès de l'AFNOR (CN7), membre de la délégation française à l'ISO (Londres) et auteur de *Réussir la conduite de projets informatiques* (Eyrolles, 1992).

Président de la commission "Qualité et génie logiciel" de l'Association française des Informaticiens, membre du comité directeur de l'Association française de génie logiciel, Pham Thu Quang est également auteur de plusieurs articles et interviews dans la presse professionnelle.

CYRILLE CHARTIER-KASTLER est ingénieur civil des Ponts et Chaussées. Créateur de la Société Ptolémée, il a contribué à son développement dans les domaines du Génie logiciel et de la Conception de Systèmes d'information. Choisissant en 1990 de vivre l'informatique du côté d'un grand compte, il est depuis lors membre du Groupe GMF, où il a un rôle de conseil interne au sein de la Direction des Moyens informatiques.

Il anime depuis 1986 des sessions de formation sur la conception de Systèmes d'information, l'administration de projets, et la conduite de projets au sein de sociétés (Legal & General), d'écoles (Supelec, Ponts et Chaussées), et d'organismes de formation professionnelle (Ifocop). Il est professeur depuis 1989 à l'ENSAE, responsable du cours d'analyse informatique en deuxième année, et co-animateur du cours d'administration de projets au sein du Mastère "Informatique et Statistique".

Il a publié chez le même éditeur un ouvrage d'exercices et d'études de cas de modélisation, *Appliquer MERISE*.

PREFACE

Le challenge d'une entreprise telle que FRANCE TELECOM, quand elle poursuit l'informatisation de son système d'information, est d'obtenir la synergie de plus de 3000 personnes, pour un budget informatique d'environ deux milliards de francs, qui concourent à cette informatisation.

C'est un véritable enjeu que de disposer d'une stratégie globale visant à optimiser conjointement les coûts et la qualité des produits et services informatiques. Cet objectif d'amélioration de la qualité et de la productivité implique d'utiliser un ensemble cohérent de méthodes et d'outils.

A France Télécom, la méthode de conception de système d'information MERISE a été retenue. Après avoir été adaptée aux spécificitées de notre entreprise, elle est utilisée en conjonction tantôt avec une méthode de conduite de projets informatiques, tantôt avec une méthode d'élaboration de schémas directeurs.

La méthode ainsi retenue crée les conditions d'une meilleure communication entre informaticiens, utilisateurs et décideurs ; en effet en définissant des concepts elle introduit un langage commun et un niveau de culture informatique commun. En outre une méthode de conception unique permet de décrire les différents sous-ensembles du système d'information dans un même langage facilitant la communication entre les applications.

De plus en plus utilisée en France, où les outils qui servent d'aide sont le plus répandus, Merise tend à franchir les frontières de l'Hexagone. C'est ainsi que l'Espagne, la Suisse mais aussi l'Amérique du Nord commencent à découvrir Merise et ses outils.

MERISE est donc bien vivante et elle tend également à évoluer grâce à une large réflexion relative à la modélisation des systèmes d'information, qui prend en compte les concepts de la conception orientée objet, mais aussi des bases de données relationnelles.

Cette évolution est à bien des égards, souhaitable, à condition qu'elle ne rende pas Merise trop complexe ni trop éloignée des préoccupations du terrain.

Ceci dit, il n'est pas sûr que MERISE, dans sa forme actuelle, soit complètement assimilée et utilisée dans toutes ses richesses par les concepteurs ou analystes.

Autrement dit, Merise a toujours besoin d'être expliquée aussi simplement et concrètement que possible.

A cet effet, voici donc un livre remarquable par bien des points et en particulier par sa qualité pédagogique. Ses auteurs, MM.Pham Thu Quang et Cyrille Chartier-Kastler, des professionnels de l'informatique et passionnés des méthodes et outils de génie logiciel, ont su, d'une manière particulièrement claire, mettre à profit leur expérience du terrain pour aider les chefs de projet et analystes-concepteurs à utiliser MERISE.

Les auteurs ont su, malgré la diversité de leur expérience, rester simples et pragmatiques, permettant ainsi à ce présent ouvrage de correspondre réellement aux préoccupations concrètes des entreprises.

Je voudrais vivement les remercier pour ce travail de qualité que j'ai pu apprécier au nom des utilisateurs, actuels et futurs, de MERISE : Responsables des études, concepteurs en systèmes d'information, consultants, étudiants et enseignants.

Michel Devevey

Ingénieur en chef des Télécommunications

Adjoint au chef du service informatique
de France-Télécom

Chargé de la coordination des systèmes
d'information

AVANT-PROPOS

Le nombre des ouvrages consacrés à la méthode MERISE ne cesse de s'accroître depuis 1983, date à laquelle a été publié le premier livre intitulé : « La méthode MERISE : Principes et outils ». Parmi ces livres, certains ont une vocation plus spécifiquement pédagogique en introduisant une nouvelle manière de présenter les concepts et la démarche, d'autres visent à compléter l'édifice méthodologique en renforçant tel aspect jusqu'alors négligé.

Le livre de Pham Thu Quang et Cyrille Chartier-Kastler, s'il propose dans un style clair et simple un exposé pratique de la méthode MERISE apporte en outre plusieurs compléments originaux.

Tout d'abord les praticiens apprécieront le comparatif sur les outils, basé sur un questionnaire précis, des dix principaux outils de conception MERISE ; le lecteur sera particulièrement sensible à l'approche, très inspirée de la méthode, des critères retenus. Gageons que ce type de comparatif va fleurir dans les prochaines années au fur et à mesure que le marché des « CASE » va se développer.

Le deuxième apport concerne le niveau opérationnel où les auteurs suggèrent une équivalence entre le modèle opérationnel de traitement de MERISE et les méthodes de type Structured Analysis / Structured Design popularisées aux USA par de Marco, Yourdon et Constantine. Cette approche est originale dans la mesure où le rapprochement a plutôt été opéré, jusqu'alors, entre les Data flow diagram de S.A. et les graphes de flux MERISE. L'avantage de principe d'une analogie au niveau opérationnel est la possibilité d'« hériter » des différentes techniques de passage à la conception structurée.

Souhaitons en terminant cet avant propos que le vœu des auteurs soit exaucé et que, par son approche appliquée, cet ouvrage amène à la méthode MERISE de nouveaux venus.

Hubert TARDIEU

AVERTISSEMENT AU LECTEUR

Née il y a une dizaine d'années, MERISE s'est imposée peu à peu comme la méthode la plus connue et la plus pratiquée en France, tant dans le secteur public que dans le secteur privé.

Or, nombreux sont les chefs de projets, concepteurs ou analystes qui, à notre avis, ne se sont pas encore mis à utiliser MERISE, la considérant a priori comme une méthode théorique ou difficile, ou qui, désireux d'employer la méthode, ne savent pas comment concrètement passer à l'acte.

C'est pour décider les premiers à franchir le pas et aider les deuxièmes à réussir leur expérience que nous avons voulu écrire ce livre.

Au regard de l'objectif ainsi fixé, il apparaît à l'évidence que ce livre doit être clair et concret. Pour ce faire, nous avons décidé de le diviser en cinq parties dont une annexe :

Première partie : Introduction (chapitres I et II)

Il s'agit de faire rapidement le pont entre les théories relatives aux systèmes et l'entreprise, et expliquer ce qu'on entend par conception des systèmes d'information, quels en sont les principes et avantages.

Deuxième partie : La méthode (chapitres III à XIV)

Il s'agit de tout dire, ou presque, sur la méthode et montrer comment l'utiliser concrètement lors d'un projet d'étude.

Troisième partie : Les outils (chapitre XV)

Il s'agit de traiter, dans cette partie, des outils. Il vous est ici expliqué à quoi sert un outil d'aide à la conception MERISE, et comment faire pour en choisir un.

Quatrième partie : En guise de conclusion (chapitre XVI)

Des conseils tirés de nos différentes expériences sur le terrain vous sont fournis sous forme de boutades afin de vous aider à réussir votre expérience en vous faisant éviter des écueils aussi évidents les uns que les autres, qui ont fait échouer et/ou qui risquent de faire échouer demain vos projets... même avec une bonne connaissance technique de la construction des modèles de la méthode.

A ces quatre parties est adjointe une annexe dans laquelle vous trouverez tout, ou presque, de ce que nous avons fait autour de MERISE sur le terrain, aussi bien pour la méthode que pour ses outils.

C'est ainsi que **l'annexe** contient une étude de cas inspirée d'un projet vécu, des documents relatifs à la conduite de projet avec MERISE, des exemples de sommaires de divers dossiers élaborés avec MERISE ainsi qu'une présentation comparative de dix outils d'aide à MERISE sur plus de quarante critères.

Tel est, rapidement brossé, le programme de réjouissance que nous nous proposons de vous présenter.

Maintenant, à vous de jouer !

Pham Thu Quang
Cyrille Chartier-Kastler

PLAN DE L'OUVRAGE

PREMIERE PARTIE

INTRODUCTION A LA CONCEPTION DES SYSTEMES D'INFORMATION

CHAPITRE I

LE SYSTEME D'INFORMATION ET L'ENTREPRISE

I.1 L'entreprise : un système

I.1.1 Définition d'un système

Selon J. de ROSNAY (1), "un système est un ensemble d'éléments en interaction dynamique, organisés en fonction d'un but".

D'après cette définition, l'entreprise est bien un système : elle est en effet composée d'un ensemble d'éléments (services, départements, etc...) organisés en fonction d'un but (produire, vendre, etc...) et en interaction dynamique les uns avec les autres et avec le monde extérieur (les clients, les fournisseurs,...). Nous avons le schéma suivant :

Environnement extérieur (clients, fournisseurs,...) à l'entreprise

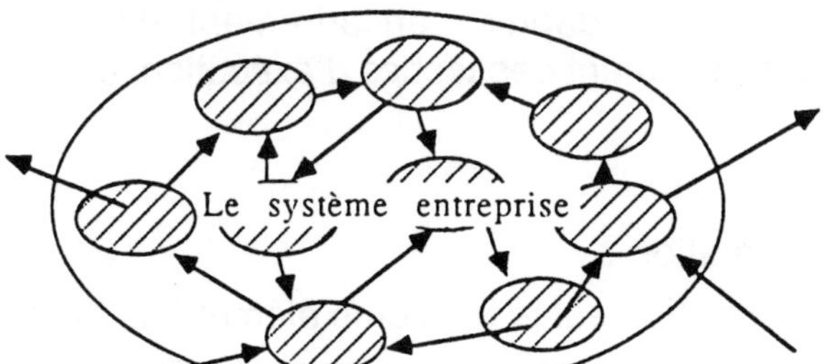

Service ou Direction (comptabilité,...)

BUT: être le leader national de la distribution de produits agro-alimentaires

Schéma I.1 — **"L'entreprise et son environnement"**

(1) J. de ROSNAY : Le macroscope, Editions du Seuil, 1975.

I.1.2 Structure du système que constitue l'entreprise

Le système que constitue l'entreprise a fait l'objet de nombreuses études dont celles de LE MOIGNE, MELESE, de ROSNAY, FORRESTER,... pour ne citer que les principaux auteurs.

Pour ce qui est du besoin de notre ouvrage, on dira que l'entreprise étudiée comme un système peut être décomposée en trois composantes : le système opérant, le système de pilotage et le système d'information.

- le système opérant :

  Le système opérant est la partie la plus évidente de l'entreprise, l'élément qui réalise toutes les tâches d'exécution : tâches de production par exemple. Dans une usine automobile, ce sera la chaîne de montage avec ses ouvriers ; dans un cabinet de conseil, ce sera l'ensemble des consultants présents chez les clients.

- le système de pilotage :

  Le système de pilotage est également assez aisé à se représenter : c'est le système nerveux de l'entreprise, du cerveau au plus petit nerf. C'est lui qui prend les décisions, fixe les objectifs et les moyens de les atteindre. Le système de pilotage irrigue tous les niveaux de l'entreprise, depuis l'encadrement de l'entreprise jusqu'aux ouvriers exécutant des tâches d'exécution, en atelier par exemple.

- le système d'information :

  Le Système d'Information est le troisième élément de l'entreprise.

  Il sert à traiter l'information et à la véhiculer entre le système de pilotage et le système opérant précédemment décrits.

  Pour illustrer l'articulation entre ces trois systèmes, le schéma proposé est le suivant :

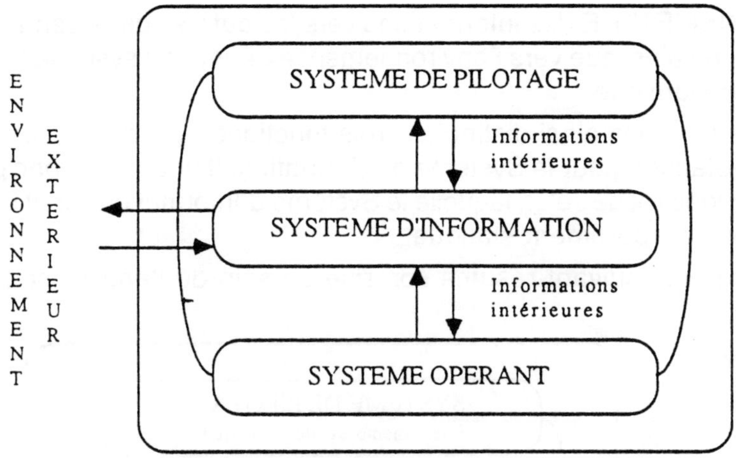

Schéma I.2 — **"les trois systèmes de l'entreprise"**

Dans la mesure où nous nous proposons dans le cadre de cet ouvrage, de montrer l'application pratique d'une méthode pour étudier le Système d'Information, nous allons reprendre cette dernière notion dans le paragraphe suivant.

I.2 Le Système d'Information et l'entreprise

I.2.1 Définition et Présentation

Selon Le Moigne (2), le Système d'Information est l'ensemble des "méthodes et moyens recueillant, contrôlant, mémorisant et distribuant les informations nécessaires à l'exercice de l'activité de tous points de l'organisation,..."

Cette définition nous permet de dégager quatre fonctions du Système d'Information :

- COLLECTER les informations provenant des autres éléments du système ou de l'environnement extérieur au système (fonction dynamique).
- MEMORISER les données manipulées par le système (fonction statique).
- TRAITER les données stockées (fonction dynamique).

(1) J.L. Le Moigne : La théorie du système général, PUF, 1977.

• TRANSMETTRE des informations vers les autres composantes du système ainsi que vers l'environnement extérieur au système (fonction dynamique).

Nous pouvons ainsi distinguer trois fonctions dynamiques et une fonction statique pour le Système d'Information. Il nous faut donc perdre cette idée reçue selon laquelle le Système d'Information serait quelque chose de purement statique.

Le schéma suivant résume son rôle au sein de l'entreprise :

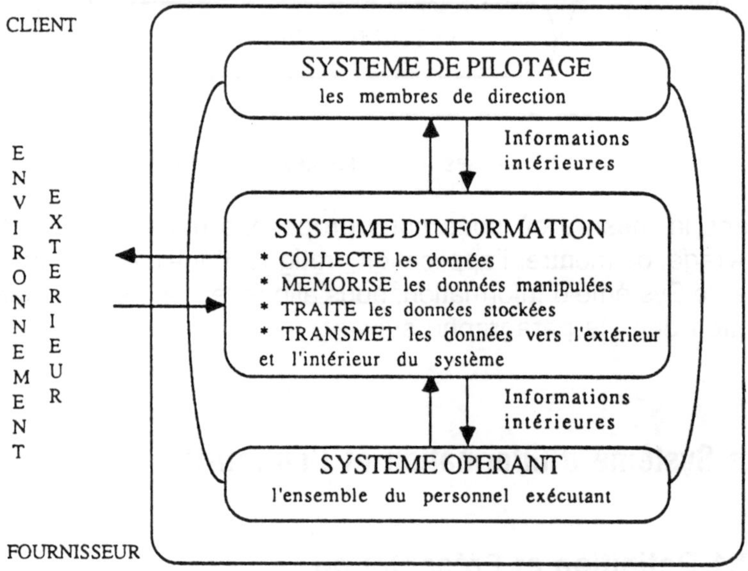

Schéma I.3 — **"Le système d'information au sein du système entreprise"**

Nous ajouterons pour être complet, et en suivant en cela Gérard Huet et Jean Rousset (3), qu'il y a deux entités faciles à identifier au sein d'un système d'information, à savoir le système d'information formel et le système d'information informel :

• le système d'information formel est celui dont les règles de fonctionnement sont clairement codifiées et qui résulte d'une volonté explicite des hommes de l'entreprise.

• le système d'information informel, quant à lui, est constitué par l'ensemble des procédures non recensées par le système formel,

(1) G. Huet et J. Rousset : Systèmes d'Information, Editions Sirey, 1981.

mais qui contribuent, en complétant le système formel et/ou en comblant les lacunes de celui-ci, au traitement et à la diffusion de l'information au sein de l'entreprise.

Il se fonde sur les relations inter-personnelles entre les membres de l'organisation, contribuant soit directement aux objectifs de l'entreprise, soit à développer des stratégies propres à satisfaire leur ambition ou leur liberté de manoeuvre.

Cela étant dit, dans le cadre de cet ouvrage, nous nous intéressons uniquement au système d'information formel de l'entreprise.

I.2.2 Les trois cycles du Système d'Information

L'étude d'un Système d'Information est conduite traditionnellement en suivant trois cycles : le cycle de vie, le cycle d'abstraction et le cycle de décision.

- Le cycle de vie :

  Le cycle de vie permet de rendre compte de la vie du Système d'Information qui va effectivement prendre forme et évoluer au sein de l'entreprise. Ce cycle traduit le cheminement chronologique du Système d'Information depuis sa création (naissance) et son développement jusqu'à son obsolescence et sa remise en cause (mort).

  Nous avons le schéma suivant :

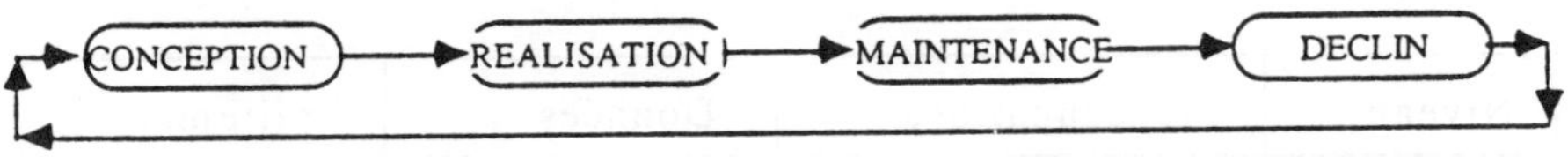

Schéma I.4 — **"Le cycle de vie et ses étapes"**

Lors de la conception, il s'agit de fournir une description fonctionnelle et technique détaillée du système. Dans ce cadre, les techniques nouvelles de maquettage et de prototypage seront d'une grande aide pour présenter les solutions aux utilisateurs finals.

Lors de la réalisation, des programmes seront élaborés afin de mettre en oeuvre les solutions techniques précédemment retenues.

La maintenance permettra de prolonger la vie du Système d'Information et son adaptation aux besoins nouveaux de l'entreprise.

Lorsque le Système d'Information sera jugé obsolète et complètement dépassé, un nouveau cycle de vie recommencera...

- Le cycle d'abstraction :

  La compréhension du cycle d'abstraction est essentielle pour la méthode MERISE, qui s'appuie fortement sur ce cycle.

  Le cycle d'abstraction traduit les différents degrés d'abstraction du Système d'Information au cours de sa vie.

  On distingue à l'heure actuelle trois niveaux dans le cycle d'abstraction : le niveau conceptuel, le niveau logique et le niveau physique.

  Au niveau conceptuel, l'ensemble des entités manipulées par le Système d'Information sera représenté de façon totalement indépendante de l'organisation et des moyens techniques existants ou à venir pour la suite du projet : au niveau conceptuel, il s'agit ici de s'intéresser au métier de l'entreprise, de se demander quelle est l'essence du problème.

  Au niveau logique, il s'agira de procéder, à partir des modèles développés au niveau conceptuel, aux choix en termes d'organisation pour les traitements et de modèles de bases de données pour les données à automatiser.

  Le niveau physique est le niveau auquel vont être introduites les contraintes en termes de système d'exploitation, de système de gestion des bases de données, de langages de programmation,etc...

  Le schéma suivant résume l'architecture des trois niveaux du cycle d'abstraction :

Niveau	Préoccupations	Données	Traitements
1	QUOI? QUE VEUT-ON FAIRE?	Conceptuel	Conceptuel
2	QUI? QUAND? Où? COMMENT?	Logique	Organisationnel
3	AVEC QUELS MOYENS?	Physique	Opérationnel

Schéma I.5 — **"Les trois niveaux du cycle d'abstraction"**

- le cycle de décision :

  Le cycle de décision traduit l'ensemble des mécanismes de décision et de choix à prendre lors du développement du Système d'Information.

  Il est indispensable de savoir qui prend les décisions, en particulier en ce qui concerne la validation des différents modèles de la méthode et le passage d'une étape à une autre.

  On ne peut pas concevoir l'étude d'un Système d'information sans cycle de décision.

CHAPITRE II

LA CONCEPTION DES SYSTEMES D'INFORMATION

II.1 La conception des Systèmes d'Information

II.1.1 Principe

Ce chapitre a pour but d'indiquer en quelques mots le principe de la conception des Systèmes d'Information.

Par opposition à l'approche classique qui construit les applications à partir des "besoins des utilisateurs", la conception des systèmes d'information met en évidence le fait que les données de gestion manipulées par l'entreprise sont relativement stables, dans la mesure où elles correspondent au métier exercé par l'organisation.

James Martin rapporte dans son livre "Manifeste pour un système d'information" (1) un constat fait par l'une des grandes banques pour laquelle il a travaillé aux premières heures de l'informatique. Cette banque remarquait que ses données de gestion restaient à peu près les mêmes au fil du temps alors que ses procédures de traitement administratives ont changé pratiquement toutes.

Partant de ce genre de constat, les défenseurs de l'approche conception des systèmes d'information nous suggèrent, pour éviter les éternelles remises en cause des anciens systèmes conçus à partir des traitements, d'étudier la sémantique (2) des données de l'entreprise d'abord, indépendamment des besoins de traitement, quitte à être obligé, par la suite, de confronter les données avec les traitements lors de la validation.

(1) J. MARTIN : *Manifeste pour un système d'information*, Editions d'organisation, 1985.

(2) Par sémantique, nous entendons l'étude de la signification, du sens des données manipulées.

II.1.2 Avantage

Dans la mesure où l'approche de modélisation des données permet de mettre en place une infrastructure de données à la fois stable et indépendante des traitements d'une seule application, on peut considérer, sans se tromper, qu'il sera plus rapide de mettre en place de nouveaux systèmes et de les faire évoluer.

Ceci est également la proposition sur laquelle sont fondées les méthodes de conception et de programmation par objets (3).

II.1.3 Conséquence

La conséquence importante de la mise en oeuvre des méthodes de conception du système d'information est la prise de conscience par l'entreprise de son patrimoine informationnel, qui devra être géré de la même manière que le capital et les ressources humaines.

II.2 Les méthodes de conception et de développement des systèmes d'information

II.2.1 Définition et Présentation

Selon le Petit Robert, une méthode est "un ensemble de démarches raisonnées, suivies, pour parvenir à un but".

Tel est bien l'objet des méthodes de conception et de développement des systèmes d'information : présenter une démarche et un ensemble de modèles permettant de définir et de mettre en place un nouveau système.

II.2.2 Bref historique des méthodes de conception et de développement des systèmes d'information

A notre avis, l'origine des méthodes de conception des systèmes d'information remonte aux environs de 1975, l'année qui coïncidait avec la publication du rapport ANSI/SPARC (4).

(3) B. MEYER : *Object-oriented software construction,* Prentice-Hall, 1988.

(4) ANSI/SPARC, Study group on data base management systems, interim report, april 1975.

C'est ce rapport qui, pour la première fois, avait suggéré de retenir trois niveaux pour la structuration des données de l'entreprise : conceptuel, interne et externe (vision utilisateur), mais qui, aussi pour la première fois, avait jeté le fondement de ce qu'on appelle aujourd'hui l'administration de données.

C'est à la suite de la diffusion de ce document fondamental que commencèrent à proliférer dans l'année qui suivit, les écrits et les articles de la presse qui sont à l'origine de ce que nous appelons aujourd'hui les méthodes de conception des systèmes d'information : Merise, E/R de Chen, Yourdon, Niam, Axial,etc...

Seule, Merise prend en compte, dès l'origine, à la fois les aspects statiques (données) et dynamiques (traitements) du système d'information.

II.2.3 L'intérêt des méthodes de conception et de développement de systèmes d'information

Avant de nous interroger sur l'intérêt des méthodes de conception des systèmes d'information, préoccupons-nous d'abord à savoir quels sont les avantages que nous avons à utiliser une méthode. Citons-les en vrac :

Tout d'abord, la quasi-totalité des méthodes impliquent des étapes et des points de contrôle obligés, ce qui devra aider à avoir une meilleure gestion et un meilleur suivi du projet en cours.

Ensuite, toutes les méthodes, quelles qu'elles soient, impliquent l'utilisation d'un formalisme commun et la constitution d'une documentation. Ce qui ne peut que faciliter le dialogue entre les membres du projet d'abord et ensuite avec les utilisateurs.

La documentation ainsi constituée, à condition d'éviter toute tentative de lourdeur, facilitera à l'évidence la maintenance. Cette même maintenance sous le poids de laquelle s'écroulent la plupart des directions informatiques.

A ces avantages reconnus des méthodes, les méthodes de conception des systèmes d'information, en raison de leur approche de modélisation par niveaux d'abstraction, permettent non seulement de concevoir des systèmes sur des bases plus stables, mais aussi de faciliter grandement le dialogue avec les utilisateurs qui, contrairement à ce qui s'est passé avec les méthodes classiques, sera basé cette fois-ci non plus uniquement sur la technique, mais aussi sur leur métier : c'est l'objectif du niveau conceptuel.

Utilisée pour l'ensemble des projets dans le cadre d'une entreprise, une méthode de conception des systèmes d'information comme MERISE permettra d'avoir une vision cohérente de l'ensemble des données de gestion manipulées par les différents domaines de l'organisation.

Tels sont le rôle et l'avantage de l'administration de données !

DEUXIÈME PARTIE

LA MÉTHODE

CHAPITRE III

MERISE, UNE METHODE DE CONCEPTION ET DE DEVELOPPEMENT DES SYSTEMES D'INFORMATION

III.1 MERISE et son environnement

III.1.1 Contexte d'apparition de MERISE

Le projet qui a permis d'aboutir à la naissance de MERISE a été lancé en 1977 par le Ministère de l'Industrie.

L'objectif du ministère était de doter l'administration d'une méthode de conception devant permettre à ses équipes de réussir leurs projets dans les coûts et délais prévus.

Les principaux acteurs qui alors sont intervenus sont le CETE d'Aix-en-Provence, un certain nombre de SSCI (Sociétés de Conseil et d'Ingénierie Informatique) et quelques universitaires

Nous avons le schéma suivant :

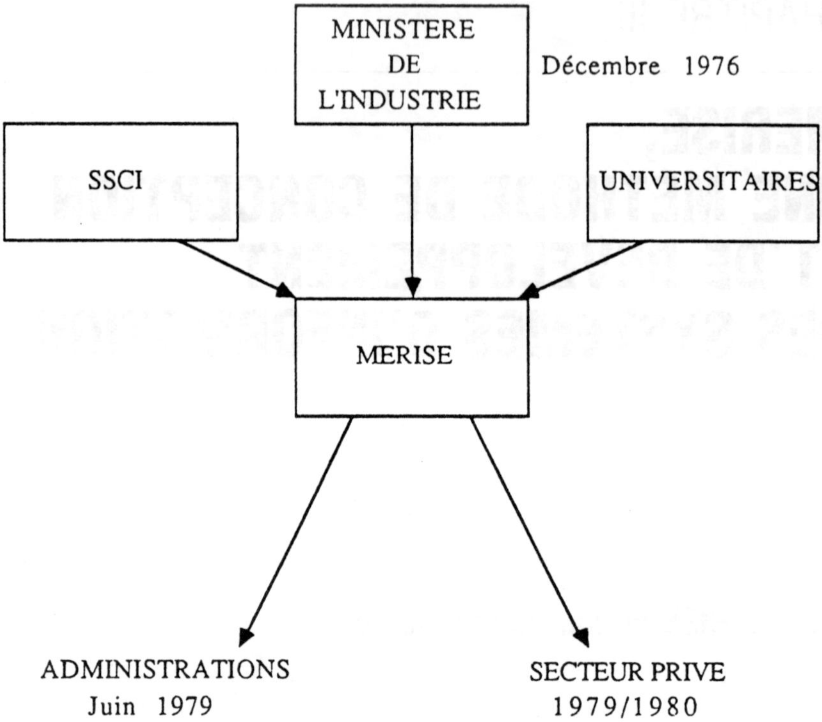

Schéma III.1 — "**Historique de MERISE**"

MERISE est apparue en 1979. Les principales personnes associées aux origines de MERISE sont : Hubert Tardieu, René Coletti, Georges Panet, Arnold Rocheld, Gérard Vahee, Dominique Nanci, Daniel Pascot, Henri Heckenroth, etc...

Le projet MERISE s'étant arrêté avant son terme, les sociétés participantes ayant trouvé dans la version originale de MERISE les prémisses d'une puissante méthode, l'ont reprise en la complétant et en la développant dans des directions certes diverses, mais qui ont contribué au succès que MERISE connaît aujourd'hui.

De ce qui précède, il apparaît clairement qu'il y a différentes versions de MERISE. Or ces différentes versions, pour la plupart, ne diffèrent que par la démarche qu'elles mettent en oeuvre pour élaborer les modèles, qui sont par ailleurs quasiment les mêmes à quelques différences près, il est vrai, quant au vocabulaire employé.

La version ici présentée est le fruit de l'expérience des auteurs de l'ouvrage au travers de leurs interventions sur le terrain. Leur vision est très proche de celle d'Hubert Tardieu.

III.1.2 MERISE et les entreprises

Le nombre de SSII (Sociétés de Service et d'Ingénièrie Informatique) capables de fournir des prestations de service autour de MERISE ne cesse d'augmenter. Parmi celles-ci, citons quelques noms : Gamma International, CGI, Cap Gemini Sogeti, SIS, Semagroup, Cecima, Méta Informatique, Delf,etc... Les prestations fournies sont de plusieurs types : formation et monitorat, conception de systèmes d'information, développement d'outils supports à Merise,etc...

De nombreuses directions informatiques, prenant conscience de l'aide apportée par MERISE pour la conception de systèmes d'information et la conduite de projets, favorisent son utilisation. C'est ainsi que MERISE a été retenue par France Télécom, les AGF, Paribas, EDF, le CEPME, la GMF, la CNAF, Rhône Poulenc, la Banque Worms, le Ministère de la Justice, etc...

III.1.3 Les outils MERISE

Constatant que l'élaboration manuelle d'un dossier d'étude avec MERISE peut s'avérer relativement lourde si le projet dépasse une certaine taille et/ou complexité, certaines sociétés de service, aidées par un marché en pleine expansion, ont eu la bonne idée de développer des outils d'aide à la méthode.

C'est ainsi que depuis quelques années des outils supports à MERISE ont fait leur apparition sur le marché, et ne cessent d'être améliorés depuis.

Dans la mesure où notre propos ici n'est pas de discuter de la stratégie à mettre en oeuvre pour introduire et faire utiliser les méthodes et outils de génie logiciel au sein des directions informatiques, nous nous contenterons d'indiquer au chapitre XV à quoi sert un outil, les principaux outils du marché et quels sont les critères (tout de même !) pouvant permettre, le cas échéant d'en retenir un.

III.2 Les deux approches de MERISE

III.2.1 La première approche : les étapes de MERISE

III.2.1.1 Introduction

La première approche proposée par MERISE est une approche par étapes.

MERISE propose une démarche en six étapes :

- Schéma Directeur
- Etude Préalable
- Etude Détaillée
- Réalisation
- Mise en oeuvre
- Maintenance

III.2.1.2 Le Schéma Directeur

L'objectif de cette étape est de faire le pont entre la stratégie de l'entreprise et ses besoins en termes de systèmes d'information.

Pour ce faire, l'entreprise sera décomposée en domaines de gestion. A titre d'exemple, voici les sept domaines de gestion d'une entreprise nationale :

- le domaine des achats
- le domaine des études
- le domaine de la fabrication
- le domaine commercial
- le domaine du personnel
- le domaine de la qualité
- le domaine des finances

En parallèle, il sera procédé à l'identification des activités de l'entreprise, qui s'expriment quant à elles habituellement en termes de finalités stratégiques.

A nouveau, voici quelques exemples de finalités : concevoir des produits nouveaux, (les) vendre, acheter des matières premières, gérer le personnel, livrer les produits commandés,etc.

Les domaines de gestion et les finalités une fois identifiés, il s'agira d'affecter les finalités aux domaines correspondants. C'est ainsi qu'à titre d'exemple, on peut dire que le domaine commercial de l'entreprise nationale mentionnée ci-dessus prend à sa charge deux finalités : vendre et livrer les produits.

Ceci étant fait, on pourra procéder à la recherche des facteurs critiques de succès, basés sur les travaux du professeur ROCKART du célèbre MIT (Massachusetts Institute of Technology), inhérents au couple domaines/finalités.

Connaissant les facteurs critiques de succès du domaine, on pourra dès lors procéder à l'identification des besoins en termes de systèmes d'information pour le domaine en question.

Dans le cadre du schéma directeur, ce qui vient d'être effectué pour un domaine le sera également pour tous les autres afin de mieux appréhender leur articulation dans un souci de cohérence.

III.2.1.3 L'Etude Préalable

A la suite du schéma directeur, l'étude préalable aura pour but de reprendre domaine par domaine et d'étudier de manière plus approfondie les projets à mettre en oeuvre et leur interfaçage.

Faire une étude préalable, c'est aussi se donner la possibilité d'actualiser, le cas échéant, un certain nombre de détails du schéma directeur et de vérifier l'opportunité des projets identifiés au niveau des domaines.

Le document résultat s'appelle dossier ou rapport d'étude préalable.

III.2.1.4 L'Etude Détaillée

L'étude détaillée est effectuée projet par projet et se décompose en deux phases principales :

- la conception fonctionnelle
- la conception technique

a) la conception fonctionnelle

Lors de la conception fonctionnelle, il s'agira de procéder à partir d'éléments fournis par le rapport de l'étude préalable, à l'élaboration du dossier de choix.

Ce dossier de choix a pour but de faire le bilan de l'existant et, en prenant en compte les nouvelles orientations de la Direction, de lui proposer d'effectuer un choix quant aux scénarios d'organisation qu'elle souhaite mettre en oeuvre afin d'atteindre le futur système cible qui vient d'être fixé pour le projet en cours.

A la suite du dossier de choix, l'équipe de projet sera amenée à réaliser un cahier des charges utilisateurs. Ce cahier des charges utilisateurs doit permettre aux utilisateurs de prendre connaissance du futur système au travers des maquettes d'écrans et des états d'édition et de formuler des remarques à leur sujet ou encore à propos des contrôles fonctionnels que le futur système devra effectuer.

Pour faciliter le dialogue à ce niveau, les techniques et outils modernes de maquettage et de prototypage pourront être utilisés avec profit.

b) la conception technique

Cette phase a pour but d'élaborer l'architecture technique des programmes des différentes transactions ou chaînes batch et les modèles physiques de données nécessaires à leur exécution.

Le résultat attendu est le cahier des charges de réalisation, dossier indispensable à la production du logiciel.

Notons au passage que chez certains auteurs ce que nous avons ici appelé conception technique correspond à l'étape Etude technique.

III.2.1.5 La Réalisation

Lors de cette étape, les programmes vont être codés. Il va falloir mettre en place les équipes nécessaires et les encadrer. Les spécifications des programmes proviennent de la conception technique de l'étude détaillée.

La réalisation est effectuée en trois parties :

- codage des programmes
- tests et mise au point
- intégration de l'ensemble des transactions et des chaînes batch.

Les difficultés relatives à cette étape sont bien connues des informaticiens. Traditionnellement, on prend ici autant sinon plus de temps à mettre au point les programmes et à les intégrer qu'on en a pris pour effectuer la phase de conception et d'analyse.

Avec l'emploi d'une bonne méthode de conception, les efforts passés dans les phases d'étude commencent ici à faire voir leur bien-fondé : non seulement on met peu de temps à mettre au point et à intégrer les programmes, mais encore cela se passe sans trop de heurts.

III.2.1.6 La Mise en oeuvre

La mise en oeuvre des nouvelles applications nécessite également un temps non négligeable. Imaginons en effet une compagnie d'assurance qui rentre en machine tous ses assurés : cela ne peut se faire en une semaine lorsqu'on s'appelle les Assurances Générales de France et qu'on a des millions d'assurés !

Ainsi, la mise en oeuvre des applications nécessite la réalisation de l'ensemble des tâches suivantes :

- création et initialisation des bases de données
- réception éventuelle et installation des nouveaux matériels informatiques
- rédaction de manuels pour les futurs utilisateurs des applications,

- formation des futurs utilisateurs aux nouvelles applications,
- lancement des nouvelles applications en parallèle avec les anciennes,
- lancement définitif des nouvelles applications.

III.2.1.7 La Maintenance

La maintenance des applications va permettre de faire vivre les applications et de les mettre à niveau jusqu'à leur mort.

La maintenance demande beaucoup de rigueur et d'organisation à l'intérieur de l'entreprise. Elle implique en effet la mise en place de personnel spécialisé et la gestion de différentes versions des applications avec leur documentation.

C'est principalement lors de la maintenance que les bénéfices liés à l'utilisation de MERISE sont le mieux perçus. La rigueur de la conception due à l'utilisation de MERISE va en effet permettre de diminuer le coût de la maintenance et de prolonger la durée de vie des applications.

III.2.2 La deuxième approche : les trois niveaux de MERISE

III.2.2.1 Introduction

La deuxième approche de MERISE vise à concevoir le Système d'Information de chaque domaine de l'entreprise en suivant une logique de modélisation à trois niveaux : conceptuel, logique/organisationnel et physique.

Cette approche permet de bien séparer les différents types de préoccupations, chacun des trois niveaux de MERISE répondant à des préoccupations différentes.

De plus, l'ensemble des règles régissant le Système d'Information sont mises en évidence à travers ces trois niveaux de MERISE.

Le schéma III.2 représente les trois niveaux de MERISE avec leurs préoccupations et les modèles réalisés :

+ STABLE

NIVEAU	CHOIX	PREOCCUPATION	Données	Traitements
CONCEPTUEL	GESTION	QUOI ? QUE VEUT-ON FAIRE ?	MCD	MCT
ORGANISATIONNEL OU LOGIQUE	ORGANISATION	QUI FAIT QUOI? OU ? QUAND? COMMENT?	MLD	MOT
PHYSIQUE	TECHNIQUES	AVEC QUELS MOYENS?	MPD	MOpT

+ EVOLUTIF

Schéma III.2 — **"L'approche par niveaux"**

III.2.2.2 Le niveau Conceptuel

Au niveau Conceptuel, le Système d'Information est représenté indépendamment de son organisation et des moyens physiques et informatiques qu'il pourrait utiliser.

L'objectif du niveau conceptuel est de répondre à la question QUOI ?, de comprendre l'essence du problème.

Les règles mises en évidence au niveau conceptuel sont, ainsi que nous l'avons dit, les REGLES DE GESTION du domaine étudié.

Voici à titre d'exemple quelques règles de gestion :

- un professeur ne peut donner qu'un seul type de cours.
- un homme peut être marié avec plusieurs femmes.
- P.T. = P.U. x Q.
- toute commande doit être visée par écrit.
- etc...

Les deux modèles proposés par MERISE au niveau conceptuel sont le Modèle Conceptuel des Données (MCD) et le Modèle Conceptuel des Traitements (MCT).

III.2.2.3 Le niveau Logique/Organisationnel

Au niveau LOGIQUE sont faits tous les choix organisationnels afin de déterminer qui fera quoi, où, quand et comment les traitements seront réalisés,.... Le Système d'Information est représenté en tenant compte des contraintes imposées par ces choix.

L'objectif du niveau logique est de répondre aux questions QUI ?, OU ?, QUAND ?, POURQUOI ? et COMMENT ?.

Les règles mises en évidence au niveau logique/organisationnel sont, ainsi que nous l'avons signalé, les *règles d'organisation* du domaine étudié.

Voici à titre d'exemple quelques règles d'organisation :

- la tournée de livraison doit être commencée à 9 heures.
- toute commande doit être visée par le directeur financier.
- les cours de physique doivent toujours avoir lieu en salle 101.
- etc...

Les deux modèles proposés par MERISE au niveau logique/organisationnel sont le Modèle Logique des Données (MLD) et le Modèle Organisationnel des Traitements (MOT).

III.2.2.4 Le niveau physique

Au niveau PHYSIQUE sont faits tous les choix techniques permettant de totalement déterminer les moyens informatiques.

L'objectif du niveau physique est de répondre à la question *avec quels moyens* ?

Les règles mises en évidence au niveau physique sont les *règles techniques*.

Signalons avant d'aller plus loin que dans la méthode MERISE, l'approche par niveaux est utilisée à toutes les étapes de l'approche par étapes pour modéliser le système d'information.

CHAPITRE IV

COMMENT UTILISER MERISE LORS D'UN PROJET ?

IV.1 Introduction

Ce chapitre a pour but d'aider le concepteur ou l'analyste à savoir la démarche qu'il pourra retenir, en fonction de son cas, pour élaborer avec la méthode MERISE les documents fondamentaux de l'étude détaillée, à savoir le dossier de choix, le cahier des charges utilisateurs... mais aussi le cahier des charges de réalisation.

Pour ce faire, nous allons nous appuyer sur ce qu'on appelle dans la méthode Merise la courbe du soleil :

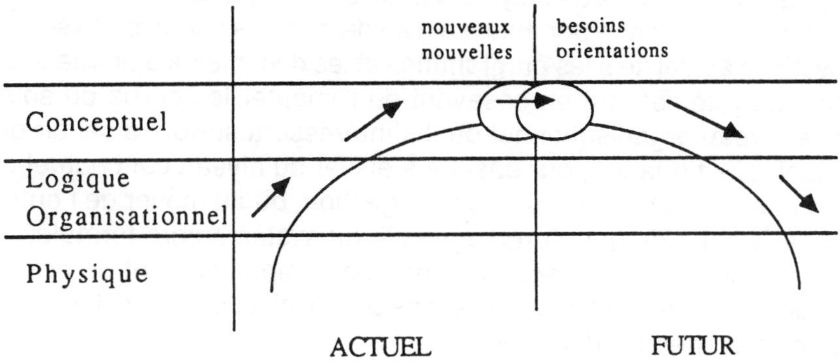

Schéma IV.1 — **"La courbe du soleil"**

Avant de donner ses différentes interprétations, intéressons-nous à sa construction.

Cette courbe est la juxtaposition de deux éléments :

- le premier élément, c'est la démarche d'analyse classique, démarche qui consiste à commencer l'étude par analyser l'existant pour formuler un diagnostic à son propos, ensuite à prendre en compte les nouveaux besoins et/ou orientations, et enfin proposer un nouveau système qui soit à même de répondre aux nouvelles orientations qui viennent d'être fixées.

- le deuxième élément, c'est l'approche à trois niveaux de Merise qui, rappelons-le, consiste à sérier les problèmes en distinguant le QUOI (conceptuel) du QUI, OU, QUAND, COMMENT (logique/organisationnel) et des MOYENS (physique), et ceci, aussi bien pour l'analyse des traitements que pour l'étude des données.

IV.2 Les deux interprétations de la courbe du soleil

IV.2.1 La première interprétation

Connaissant la façon dont la courbe du soleil est construite, sa signification devient rapidement claire pour notre esprit.

En effet, ainsi construite la courbe du soleil signifie, à l'origine, que lorsqu'un concepteur ou analyste démarre un projet au sens de l'étude détaillée, il commence par analyser rapidement les aspects physiques du système actuel (tels les programmes et les documents d'entrée et/ou sortie du système) tout en essayant de remonter la courbe du soleil vers le niveau organisationnel où il s'intéressera surtout à savoir qui fait quoi, où et quand, pour ensuite s'élever au niveau conceptuel où il ne s'intéresse plus qu'aux choix de gestion, qu'au métier de l'entreprise. A la suite de quoi, un diagnostic du système sera formulé, de nouveaux besoins ou orientations pris en compte, servant de base à l'élaboration de nouvelles orientations du travail et de nouvelles architectures logiques de données.

En termes merisiens, cela revient, pour notre concepteur ou analyste, à décrire, pour l'existant, les différents MOT, MCT et MCD, ensuite, à partir de ces MCD et MCT, élaborer de nouveaux MCD et MCT en y intégrant les nouveaux besoins (sous forme d'entités/relations pour les données et événements/opérations pour les traitements), et enfin concevoir de nouveaux MOT plus aptes à répondre aux nouvelles orientations qui viennent d'être formulées.

IV.2.2 La deuxième interprétation

Avec la pratique, la première interprétation tout en restant valable a été, par la suite, quelque peu nuancée par un certain nombre de praticiens de MERISE qui proposent de ne plus construire les MOT du système actuel, qu'on est appelé souvent à remettre en cause, pour n'élaborer que les MCT et MCD en y intégrant directement les nouveaux besoins pour isoler les invariants à partir desquels seront construits les MOT dont l'un d'entre eux sera soumis à l'approbation des décideurs pour mettre en oeuvre le futur système.

A la suite de cette décision, les procédures du système retenu seront étudiées en détail pour constituer le cahier des charges utilisateurs, qui contiendra, comme son nom l'indique, également tous les écrans des futures transactions et les maquettes des états batch correspondant aux besoins fonctionnels des utilisateurs.

A titre d'exemple et pour rendre concrète l'application de MERISE lors d'un projet d'étude, des exemples de sommaire de dossier de choix, cahier des charges utilisateur et de cahier des charges de réalisation sont reproduits en annexe à la fin de l'ouvrage.

Le but de cette reproduction n'est pas tant de dire qu'il s'agit là de normes de sommaire de dossiers d'étude avec MERISE, mais bien de vous permettre de vous en inspirer éventuellement pour élaborer vos propres documents, dont vous êtes seuls juges de ce que vous pouvez y mettre, étant donné le contexte de votre projet et de votre entreprise.

CHAPITRE V

LES MODELES DE MERISE

V.1 Présentation générale

V.1.1 Introduction et Présentation

Comme nous l'avons déjà laissé entendre auparavant dans cet ouvrage, les modèles de la méthode MERISE ne sont pas une fin en eux-mêmes et ne doivent surtout pas être considérés comme tels. On ne fait pas un beau MCD, mais on mène un projet à terme en respectant les coûts et délais prévus.

MERISE propose six modèles afin d'aider à la réalisation des étapes étudiées au chapitre précédent. Un formalisme graphique est généralement associé à chacun de ces modèles. En voici la liste :

Nom du Modèle		Formalisme Graphique
Modèle Conceptuel des Données	(MCD)	OUI
Modèle Conceptuel des Traitements	(MCT)	OUI
Modèle Logique des Données	(MLD)	OUI
Modèle Organisationnel des Traitements	(MOT)	OUI
Modèle Physique des Données	(MPD)	NON (*)
Modèle Opérationnel des Traitements	(MOpT)	OUI

L'ensemble de ces modèles recouvre les trois niveaux du cycle d'abstraction du Système d'Information. Voici, à titre de rappel, le schéma V.1 indiquant leur position par rapport aux niveaux d'abstraction du SI :

(*) Ceci dit, notons que certains MPD utilisent des modèles graphiques en particulier en CODASYL (réseau) et en hiérarchique.

	DONNEES	TRAITEMENTS
CONCEPTUEL	Graphe des Flux	
	M.C.D.	M.C.T.
LOGIQUE ORGANISATIONNEL	Vues externes	
	M.L.D.	M.O.T.
PHYSIQUE	M.P.D.	M.Op.T.

Schéma V.1 — **"Les modèles MERISE et le cycle d'abstraction du SI"**

Il est intéressant de noter le fait que MERISE fait une nette séparation entre les données et les traitements, ce qui n'est pas le cas de toutes les méthodes.

Les modèles de traitement MERISE vont permettre de valider et d'optimiser les modèles de données. Un des atouts de MERISE et de sa nette séparation Données-Traitements va être de présenter deux visions du Système d'Information qui vont pouvoir ainsi être confrontées : une vision statique et une vision dynamique.

V.1.2 Organisation des différents modèles

Le schéma ci-dessous présente l'ordre suivant lequel les modèles MERISE sont réalisés au fur et à mesure des différentes étapes :

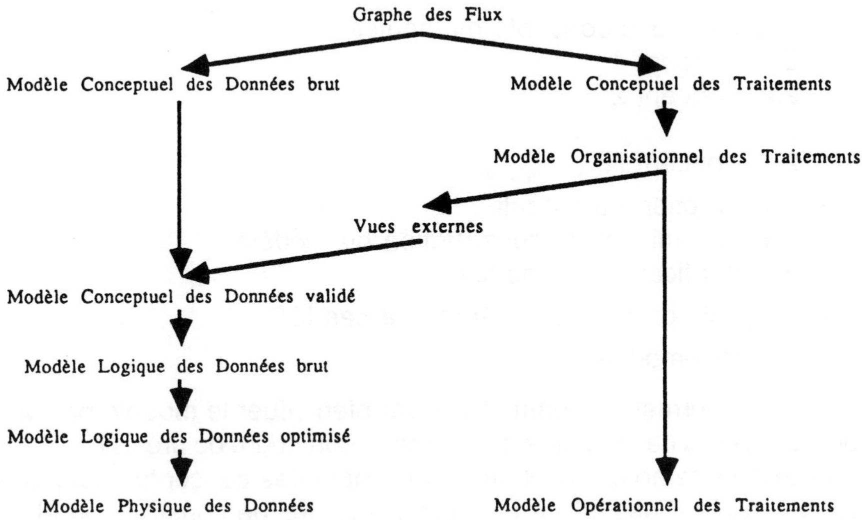

Schéma V.2 — **"L'enchaînement des modèles MERISE"**

Comme nous l'avons indiqué ci-dessus, les modèles des traitements jouent un rôle important dans la validation des modèles des données.

Dans la pratique, les modèles de la méthode MERISE les plus utilisés sont le Modèle Conceptuel des Données (MCD) et le Modèle Conceptuel des Traitements (MCT). Leur formalisme répond bien à l'attente des concepteurs dans le domaine de l'informatique de gestion.

Or, si le modèle des traitements a un formalisme suffisant pour des traitements propres à l'informatique de gestion, il a besoin d'être complété pour l'informatique temps réel.

V.2 La présentation des modèles MERISE

Ce paragraphe présente au lecteur l'organisation et le plan des chapitres suivants sur les modèles MERISE.

Les chapitres suivants présentent chacun un modèle de la méthode. Il sont tous organisés suivant le même plan (sauf ceux qui portent sur le niveau physique) :

1 Présentation
 1.1 Introduction
 1.2 Situation par rapport aux étapes de MERISE
 1.3 Les intervenants

2 Définition des concepts manipulés
   2.1 Concept 1
   2.2 Concept 2
   ...
   2.n Concept N
3 Construction du modèle
   3.1 Mécanisme de construction du modèle
   3.2 Vérification du modèle
4 Exemple de modèle : l'étude de cas ICF
5 Le méta-modèle

Ce plan permet de commencer par bien situer le modèle par rapport aux étapes de la méthode et préciser son degré de précision. Dans un deuxième temps, on définira l'ensemble des concepts manipulés par le modèle. Ensuite, on donnera les règles de construction et de validation du modèle.

Notons enfin qu'une étude de cas complète est développée au fur et à mesure des différents chapitres du livre et reprise entièrement en annexe. Ce cas concerne l'activité d'une Société de Services et d'Ingénierie Informatique (SSII), ICF.

De plus, chaque chapitre se termine avec un modèle reprenant l'ensemble des concepts manipulés dans le chapitre en cours. Ce modèle est appelé méta-modèle. Son utilité est de permettre d'adapter la méthode à ses besoins et de choisir l'outil automatique qui convient à ses pratiques.

Ceci étant dit, on peut très bien choisir un outil et commencer à utiliser la méthode sans avoir au préalable conçu son propre méta-modèle.

Soyez patient si vous ne comprenez pas encore ce qu'est un méta-modèle ou à quoi il sert. Vous le comprendrez après avoir lu cet ouvrage !

CHAPITRE VI

LE GRAPHE DES FLUX

VI.1 Présentation

VI.1.1 Introduction

Le graphe des flux permet de mettre en évidence les flux d'information entre les différents acteurs du domaine étudié ainsi qu'avec leur environnement.

Il sert de base à la réalisation du Modèle Conceptuel des Données (MCD) et du Modèle Conceptuel des Traitements (MCT), comme nous le verrons dans les deux chapitres suivants.

VI.1.2 Situation par rapport aux six étapes de MERISE

Le graphe des flux est réalisé lors du schéma directeur, et affiné lors de l'étude préalable et de l'étude détaillée.

Nous avons le schéma suivant :

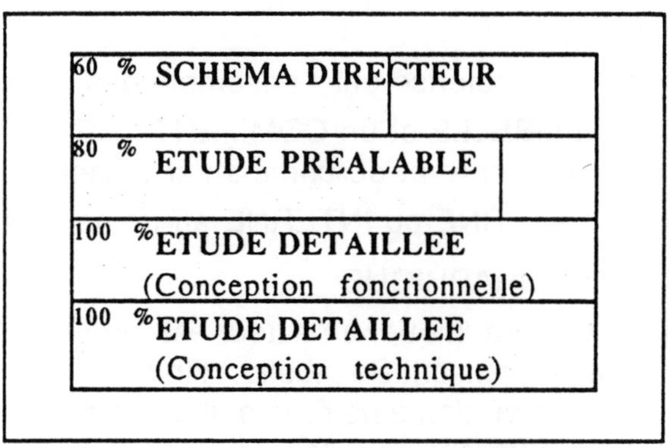

Schéma VI.1 — **"Situation du graphe des flux par rapport aux étapes de MERISE"**

Le graphe des flux est réalisé :

lors du schéma directeur pour environ 60 % de précision
lors de l'étude préalable pour environ 80 % de précision
lors de l'étude détaillée pour 100 % de précision

VI.1.3 Les intervenants

Le graphe des flux est conçu par une partie des concepteurs sous la direction du chef de projet. Il est validé par les utilisateurs, à condition que ceux-ci aient été préalablement formés à la méthode.

VI.2 Présentation des concepts manipulés

VI.2.1 L'Acteur

DÉFINITION

Un acteur est un agent capable d'échanger de l'information avec les autres acteurs.

Il peut être interne ou externe.

EXEMPLES

Un acteur peut aussi bien être une personne physique : un salarié,... qu'une personne morale : un organisme social ou fiscal,...

ATTRIBUTS

Un acteur est caractérisé par l'ensemble des attributs suivants :

- un CODE, un LIBELLE et un COMMENTAIRE qui permettent de dénommer, de décrire et de commenter l'acteur.
- son TYPE : EXTERNE ou INTERNE au domaine étudié.

FORMATISME GRAPHIQUE

Du point de vue graphique, un acteur est représenté par un ovale à l'intérieur duquel est inscrit son libellé. Afin de distinguer les acteurs internes et externes au domaine étudié, il est intéressant de prendre un motif de fond différent pour les acteurs internes et les acteurs externes.

Nous avons le schéma suivant :

Acteur interne au SI

Acteur externe au SI

Schéma VI.2 — "**Formalisme graphique d'un acteur**"

VI.2.2 Le Flux

DÉFINITION

Un flux d'information ou de données est un échange d'information entre deux acteurs dans le cadre du Système d'Information concerné.

EXEMPLES

Un flux peut recouvrir une infinité de formes différentes.

Dans une entreprise comme Renault un carton rouge placé sur une voiture et indiquant un changement de modèle sur la chaîne de montage est porteur d'informations : c'est un flux d'information.

Dans une entreprise comme La Redoute, un bon de commande envoyé par un client est porteur d'une quantité d'informations (adresse du client, produits commandés, quantités,...) : c'est également un flux d'information.

ATTRIBUTS

Un flux d'information est caractérisé par l'ensemble des attributs suivants :

- un CODE, un LIBELLE et un COMMENTAIRE qui permettent de dénommer, de décrire et de commenter le flux.

LIENS

Tout flux d'information est lié à l'acteur qui l'émet et à l'acteur qui le reçoit. La création d'un flux implique simultanément celle de ces deux liens.

FORMALISME GRAPHIQUE

Un flux d'information est représenté graphiquement par une flèche orientée de l'acteur émettant le flux vers l'acteur le recevant. Le libellé du flux est inscrit à côté de la flèche tracée.

Nous avons le schéma suivant :

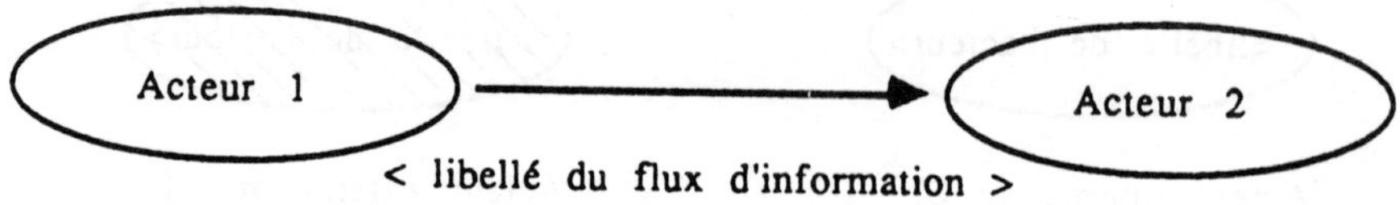

Schéma VI.3 — "**Formalisme graphique du flux d'information**"

VI.3 Construction du graphe des flux

La construction du graphe des flux est faite à partir d'interviews de salariés choisis en raison de leur connaissance et de leur position dans l'entreprise. Il doit permettre de représenter les flux d'informations du domaine et de fixer les limites du champ de l'étude. Si l'étude a pour objet la gestion des commandes, seuls les flux et les acteurs concernés par la gestion des commandes doivent être représentés.

VI.4 Exemple de graphe des flux : le cas d'étude ICF

Voici le graphe des flux du cas ICF résumé en annexe. Le projet ayant pour champ d'étude la signature et la réalisation d'un contrat, seuls les flux d'information correspondants ont été représentés.

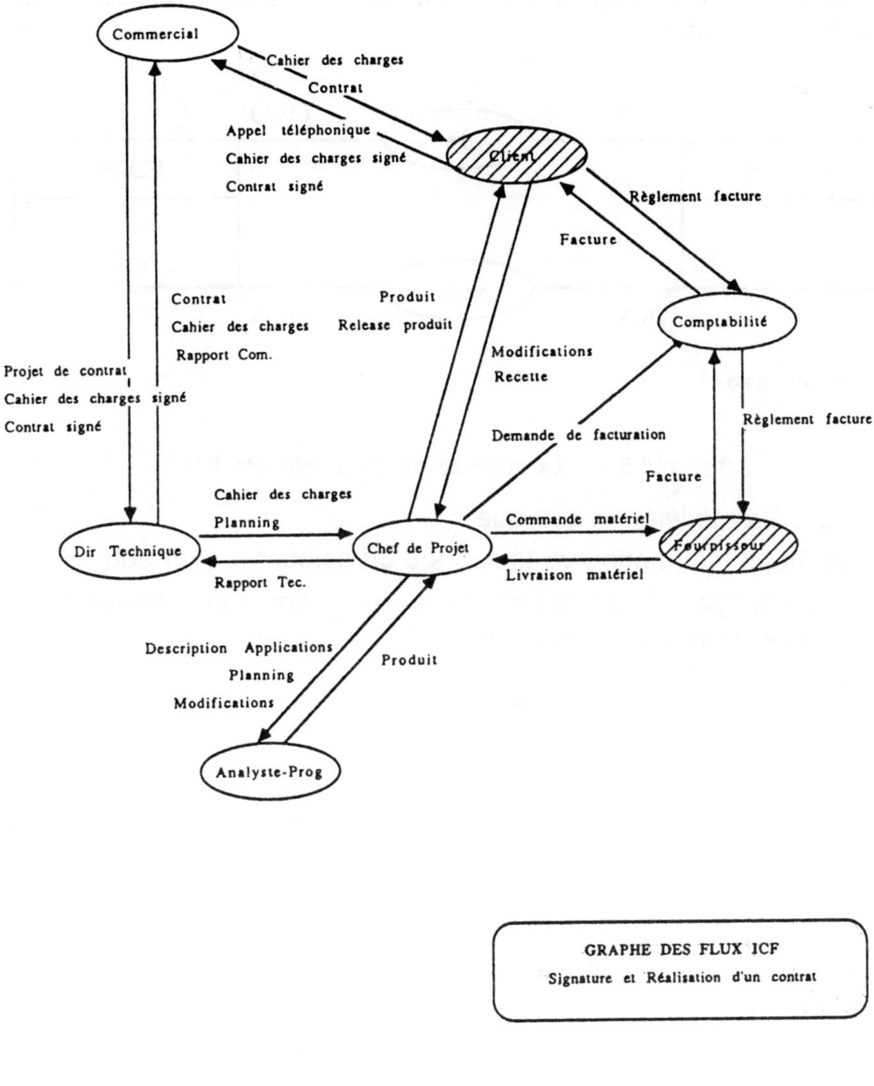

Schéma VI.4 — "**Graphe des flux ICF : Signature et Réalisation d'un contrat**"

VI.5 Le méta-modèle du graphe des flux

Le méta-modèle du graphe des flux traduit l'ensemble des concepts décrits ci-dessus :

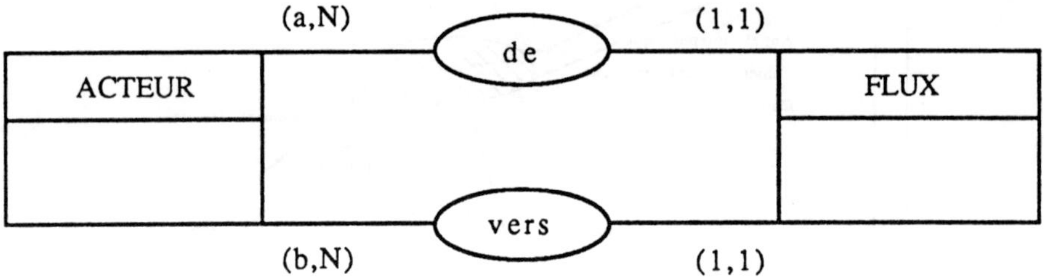

remarque: a+b=1

Schéma VI.5 — "**Le méta-modèle du graphe des flux**"

Ce méta-modèle indique que :

- un flux d'information va toujours d'un acteur vers un autre.
- un acteur peut être la source ou la destination d'un nombre quelconque de flux d'information.
- etc...

CHAPITRE VII

LE MODELE CONCEPTUEL DES DONNEES (MCD)

VII.1 Présentation

VII.1.1 Introduction

Le Modèle Conceptuel des Données donne une représentation stable de l'ensemble des données manipulées par l'entreprise ainsi que des relations entre ces données. A ce niveau, il n'est pas question de fichiers ou de tables.

Le MCD représente la vision statique du Système d'Information. Celle-ci sera ensuite confrontée à la vision dynamique donnée par les modèles des traitements et les vues externes.

L'élaboration du MCD n'est pas aisée : celle-ci n'a rien d'algorithmique. Seuls le travail et la réflexion des concepteurs permettent de batir le MCD.

Afin de délimiter le domaine sur lequel porte le MCD, l'élaboration du MCD est souvent précédée de celle du graphe des flux de données. Le graphe des flux en plus permet souvent de mettre en évidence des individus du MCD.

VII.1.2 Situation par rapport aux six étapes de MERISE

Le Modèle Conceptuel des Données va être réalisé lors des trois premières étapes de MERISE : le Schéma Directeur, l'Etude préalable et l'Etude détaillée.

Lors du schéma directeur, un modèle conceptuel des données global est conçu pour mieux mettre en évidence les entités manipulées par l'ensemble des domaines de l'entreprise ainsi que leur articulation.

Le MCD est précisé lors de l'étude préalable afin de prendre en compte les nouvelles orientations et contraintes dues au développement du nouveau SI. Il va ainsi préciser les grandes orientations fixées par la Direction Générale de l'entreprise lors du schéma directeur.

Le MCD ne pourra enfin être totalement détaillé et validé que lorsque le Modèle Conceptuel des Traitements (MCT), le Modèle Organisationnel des Traitements (MOT) et les Vues Externes seront réalisées. Le MCD ne sera donc complètement précisé qu'au cours de l'étude détaillée du SI.

Nous avons le schéma suivant :

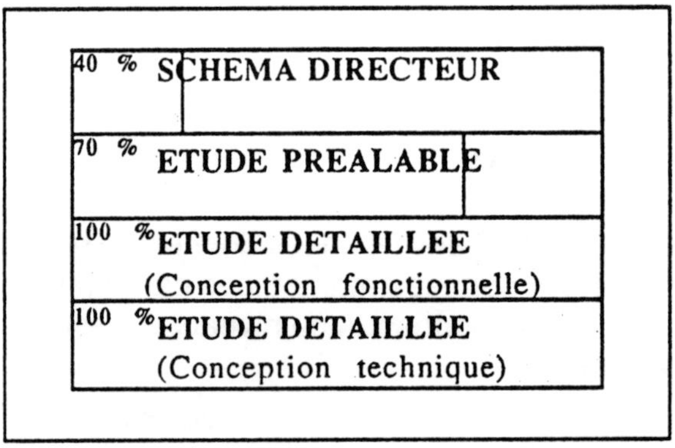

Schéma VII.1 — **"Situation du MCD par rapport aux étapes de MERISE"**

Le Modèle Conceptuel des Données (MCD) est réalisé :
lors du schéma directeur pour environ 40 % de précision
lors de l'étude préalable pour environ 70 % de précision
lors de l'étude détaillée pour 100 % de précision

VII.1.3 Les intervenants

Le Modèle Conceptuel des Données est conçu par une partie des concepteurs sous la direction du chef de projet. Il est validé par les utilisateurs, à condition que ceux-ci aient été préalablement formés à la méthode.

VII.2 Définition des concepts manipulés

VII.2.1 L'Individu (encore appelé Entité ou Objet)

DÉFINITION

Un individu est un concept qui présente un intérêt pour les besoins de gestion de l'entreprise. Il est pourvu d'une existence propre en accord avec les orientations de gestion de l'entreprise.

EXEMPLES

Un individu peut être une notion concrète : client, commande, produit,... ou une notion purement abstraite créée de façon à rendre compte de phénomènes particuliers de l'organisation : mariage, portefeuille d'actions, etc...

Le concept de "Client" est un individu classique pour une entreprise. Pour une société comme EDF-GDF, les Galeries Lafayette , la Ville de Paris et le BHV sont bien des occurrences, c'est-à-dire des réalisations du concept "Client".

ATTRIBUTS

Un individu est caractérisé par l'ensemble des attributs suivants :

- un CODE, un LIBELLE et un COMMENTAIRE qui permettent de dénommer, de décrire et de commenter l'individu.

LIENS

Tout individu a un identifiant ou clé qui est constitué d'une ou de plusieurs propriétés qui permettent de distinguer, sans ambiguïté, les différentes occurrences de l'individu. Il faut donc créer un lien entre chaque individu et les propriétés servant à l'identifier. Pour un CLIENT, ce sera son CODE, pour un SALARIE, son NO DE SS,...

Tout individu est également nécessairement porteur d'au moins une propriété. L'individu CLIENT est par exemple porteur des propriétés ADRESSE et NO DE TEL.

Il n'est pas possible qu'un individu porte plusieurs fois la même propriété. Si l'individu FOURNISSEUR a deux adresses, on devra dénommer ces adresses de façon différente : ADRESSE DU SIEGE SOCIAL et ADRESSE DES ENTREPOTS par exemple. De même, si un client peut avoir une liste de numéros de téléphones, il faudra créer un individu NUMERO DE TELEPHONE CLIENT pour gérer les numéros de téléphone de chacun des clients.

FORMALISME GRAPHIQUE

Du point de vue graphique, un individu est représenté sous forme d'un rectangle barré à l'intérieur duquel est inscrit son libellé.

Nous avons le schéma suivant :

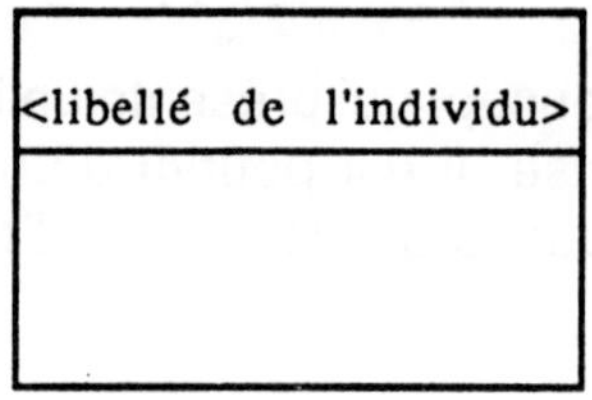

Schéma VII.2 — "**Formalisme graphique de l'individu**"

ce qui donne par exemple le schéma suivant :

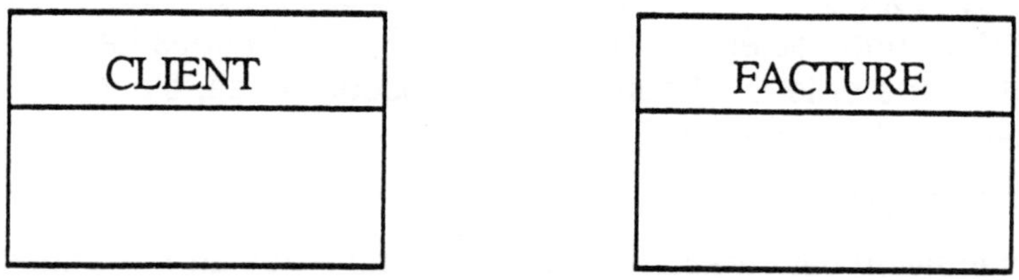

Schéma VII.3 — "**Exemples d'individu**"

VII.2.2 La Relation

DÉFINITION

Une relation est un lien sémantique de plusieurs individus indépendamment de tout traitement. Elle est généralement caractérisée par un verbe ou un substantif.

EXEMPLES

Le fait qu'un client signe des contrats avec l'entreprise aboutit à la création de la relation "Signe" entre les individus client et contrat.

Une facture est payée par un ensemble de règlements. Il faut donc créer une relation "Est réglée par" entre les individus facture et règlement.

ATTRIBUTS

Une relation est caractérisée par l'ensemble des attributs suivants :

- un CODE, un LIBELLE et un COMMENTAIRE qui permettent de dénommer, de décrire et de commenter la relation.

LIENS

Toute relation est nécessairement reliée à un ensemble d'individus (un au moins) dont la concaténation des identifiants forme l'identifiant de la relation. On appelle DIMENSION, le nombre d'individus auxquels est reliée la relation.

Lorsqu'elle vaut 1, la relation est dite réflexive,
lorsqu'elle vaut 2, la relation est dite binaire,
lorsqu'elle vaut 3, la relation est dite ternaire,
lorsqu'elle vaut n, la relation est dite naire.

Dans la pratique, il est souhaitable de limiter autant que possible la dimension des relations à deux. Plus la dimension d'une relation est grande, plus la relation devient complexe à comprendre et à gérer. Notons néanmoins que dans certains cas le concepteur n'a pas le choix et qu'il doit créer des relations de dimension 4 ou 5.

Une relation peut être porteuse de propriétés lorsque celles-ci sont partagées par l'ensemble des individus qu'elle relie. La relation PORTE SUR entre les individus COMMANDE et PRODUIT est par exemple porteuse de la propriété QUANTITE qui traduit le fait que chaque ligne de commande porte sur une certaine quantité de produit.

Il est interdit qu'une relation porte plusieurs fois la même propriété. Si la relation SIGNE entre les individus CLIENT et CONTRAT est porteuse de deux dates, on devra les dénommer de façon différente : DATE DE SIGNATURE et DATE D'EXPEDITION DU CONTRAT par exemple.

FORMALISME GRAPHIQUE

Une relation est représentée par une ellipse à l'intérieur de laquelle est indiqué son libellé. Une patte (ou un trait) est dessiné entre la relation et chacun des individus qu'elle relie.

Nous aurons par exemple dans le cas d'une relation réflexive, c'est-à-dire une relation qui met en relation deux individus du même type :

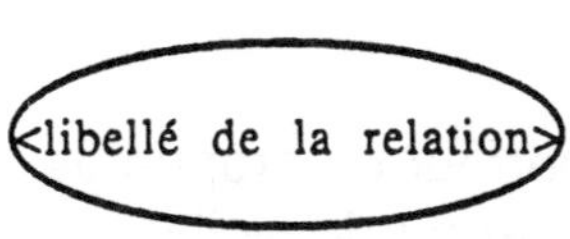

Schéma VII.4 — **"Formalisme graphique de la relation"**

dans le cas d'une relation binaire :

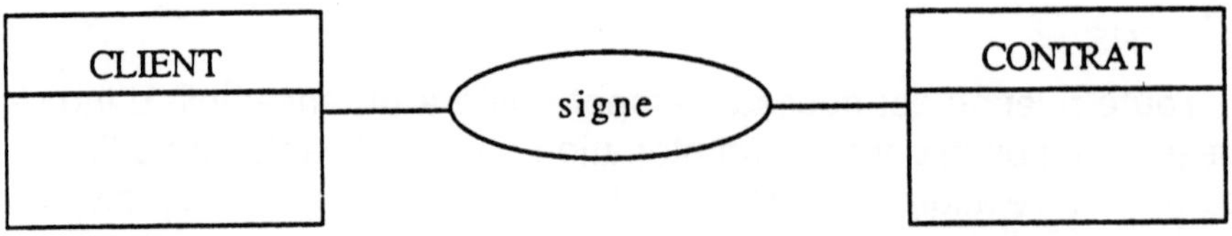

Schéma VII.5 — **"Exemple de relation binaire entre deux individus"**

et d'une relation ternaire :

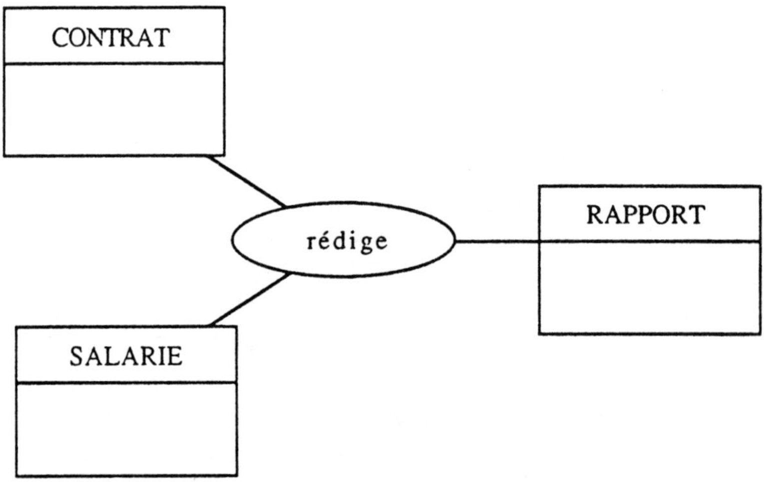

Schéma VII.6 — **"Exemple de relation ternaire entre trois individus"**

VII.2.3 La Propriété

DÉFINITION

Une propriété est une donnée élémentaire qui caractérise un individu ou une relation.

EXEMPLES

L'individu salarié est porteur de propriétés : Numéro de Sécurité Sociale, Adresse, Téléphone du domicile,...

La relation "Signe" entre les individus client et contrat est porteuse de propriétés : Date de signature et Nom du signataire.

ATTRIBUTS

Une propriété est caractérisée par l'ensemble des attributs suivants :

- un CODE, un LIBELLE et un COMMENTAIRE qui permettent de dénommer, de décrire et de commenter la propriété.
- le fait qu'elle est ELEMENTAIRE ou AGREGEE. Une propriété est dite agrégée si elle est déduite d'autres données.
- le fait qu'elle est COMPOSANTE ou COMPOSEE. Une propriété est composée si elle est composée d'un ensemble de propriétés.
- le NOM DE LA PERSONNE RESPONSABLE de la propriété et de son évolution.
- sa FREQUENCE DE MISE A JOUR
- son TYPE : Numérique, Alphanumérique, Alphabétique, Date, Booléenne, ou Autre
- sa LONGUEUR
- son NOMBRE DE DECIMALES
- son FORMAT DE PRESENTATION
- une LISTE DE VALEURS POSSIBLES
- les REGLES DE CALCUL portant sur la propriété
- les CONTRAINTES DE CONFIDENTIALITE, DE SAUVEGARDE, DE DIFFUSION, DE QUALITE, DE VALEUR de la propriété
- une LISTE DE VALEURS POSSIBLES
- un EXEMPLE

La liste des attributs d'une propriété est volontairement exhaustive. Le lecteur retiendra les attributs qu'il jugera utiles dans son cas.

LIENS

Pour chaque propriété, il est particulièrement souhaitable de faire le lien avec les mots-clés qui lui sont associés.

FORMALISME GRAPHIQUE

Du point de vue graphique, les propriétés n'apparaissent pas sur le dessin du MCD. Un individu est souvent porteur de plusieurs dizaines de propriétés, les indiquer sur le schéma tendrait à lui faire perdre sa lisibilité.

VII.2.4 Les Cardinalités

DÉFINITION

Les cardinalités d'un individu dans une relation qui le lie indiquent le nombre minimum et le nombre maximum d'occurrences de la relation auxquelles doit être rattachée chacune des occurrences de l'individu.

EXEMPLES

L'individu CLIENT peut signer un nombre quelconque de CONTRATS avec la société. Chacune des occurrences de CLIENT est donc rattachée au minimum à 0 et au maximum à N occurrences de CONTRAT. Les cardinalités de l'individu CLIENT dans sa relation avec CONTRAT sont donc (0,N).

Réciproquement, chaque CONTRAT est toujours signé par un et un seul CLIENT. Les cardinalités de l'individu CONTRAT dans sa relation avec CLIENT sont donc (1,1).

ATTRIBUTS

Les cardinalités ont deux attributs :

- La CARDINALITE MINIMALE qui donne le nombre minimum de participations de chacune des occurrences de l'individu à la relation.
- La CARDINALITE MAXIMALE qui donne le nombre maximum de participations de chacune des occurrences de l'individu à la relation.

Dans la pratique, on gère les quatre cardinalités suivantes :

- (0,1) : chacune des occurrences de l'individu est reliée au plus à une occurrence de la relation.
- (1,1) : chacune des occurrences de l'individu est reliée à exactement une occurrence de la relation.
- (0,N) : chacune des occurrences de l'individu est reliée à un nombre quelconque d'occurrences de la relation.
- (1,N) : chacune des occurrences de l'individu est reliée à au moins une occurrence de la relation.

Dans le cas de relations binaires, ce qui est le plus fréquent, nous avons le tableau suivant :

Ind 1 / Ind 2	(0,1)	(1,1)	(0,N)	(1,N)
(0,1)	?	?		
(1,1)	?	à éviter		
(0,N)				
(1,N)				

Schéma VII.7 — "**Les combinaisons possibles de cardinalités dans le cas de relations binaires**"

Nous voyons sur ce tableau que trois cas de cardinalités amènent à se poser des questions :

- le cas (0,1) — (0,1) : dans ce cas, il faut se poser des questions sur la relation et se demander par exemple si l'un des individus n'est pas en fait une propriété de l'autre.
- le cas (0,1) — (1,1) : dans ce cas, il faut se poser des questions sur la relation et se demander par exemple si l'un des individus n'est pas en fait une propriété de l'autre.
- le cas (1,1) — (1,1) : il est préférable d'éviter ce jeu de cardinalités qui traduit souvent une erreur de conception.

Voici un exemple de ce qu'il ne faut pas faire :

ERREUR DE CONCEPTION

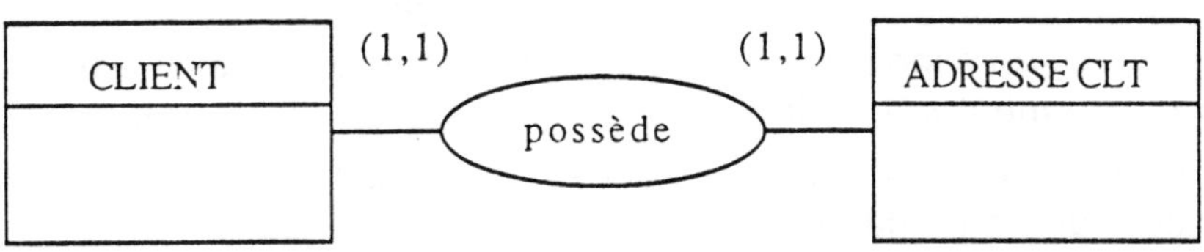

Schéma VII.8 — "**Erreur de conception dans le cas de cardinalités (1,1)-(1,1)**

LIENS

Une cardinalité n'a pas de sens si elle ne désigne pas la relation et l'individu auxquels elle est associée.

FORMALISME GRAPHIQUE

Du point de vue graphique, les cardinalités sont marquées à coté de la patte reliant l'individu à la relation. Celles-ci sont généralement indiquées entre parenthèses sous la forme (x,y).

Nous avons le schéma suivant :

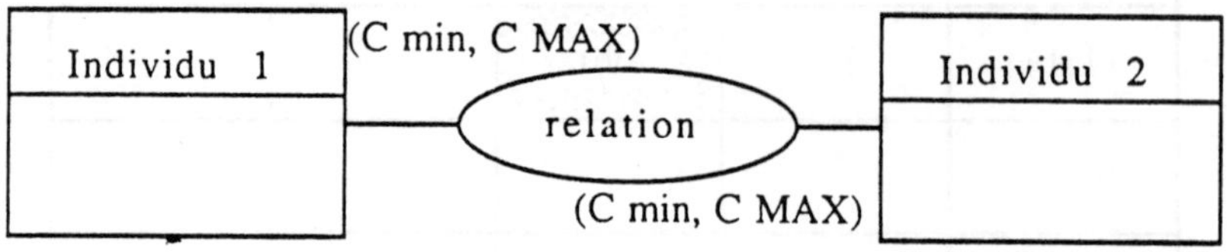

Schéma VII.9 — "**Formalisme graphique des cardinalités**"

ce qui donne par exemple :

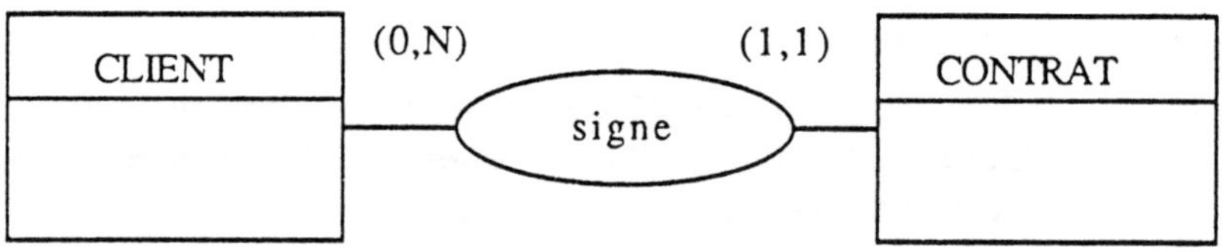

Schéma VII.10 — "**Exemples de cardinalités**"

VII.2.5 Les Contraintes d'Intégrité Fonctionnelles (CIF)

DÉFINITION

Une Contrainte d'Intégrité Fonctionnelle (CIF) porte toujours sur une relation et sert à indiquer que l'un des individus rattachés à la relation est entièrement déterminé par la connaissance des autres.

Dans le cas de relations binaires, la CIF est identifiée par la présence d'une cardinalité (1,1).

Une CIF, dans le cas de relations n-aires (avec n_1) porte donc toujours sur :

- une relation,
- un individu cible (celui qui est entièrement déterminé par la connaissance des autres),
- et un ensemble d'individus sources (ce sont les individus participant à la relation qui permettent de déterminer l'individu cible).

EXEMPLES

Des exemples de CIF peuvent être donnés avec la relation ternaire ENGENDRE entre un HOMME, une FEMME et un ENFANT. Si nous considérons qu'un enfant est toujours reconnu par ses parents, il est clair que dès que nous connaissons un enfant, nous connaissons son père (l'homme qui l'a engendré) et sa mère (la femme qui l'a engendré).

ATTRIBUTS

Une contrainte d'intégrité fonctionnelle est caractérisée par :

- un CODE, un LIBELLE et un COMMENTAIRE qui permettent de dénommer, de décrire et de commenter la CIF..

LIENS

Une CIF n'a pas de sens sans désigner la relation sur laquelle elle porte, l'individu cible et l'ensemble d'individus sources.

FORMALISME GRAPHIQUE

Du point de vue graphique, une CIF est représentée par un petit cercle à l'intérieur duquel est inscrit son libellé. Sont également tracées des flèches provenant des individus sources et allant vers l'individu cible.

Nous avons le schéma suivant :

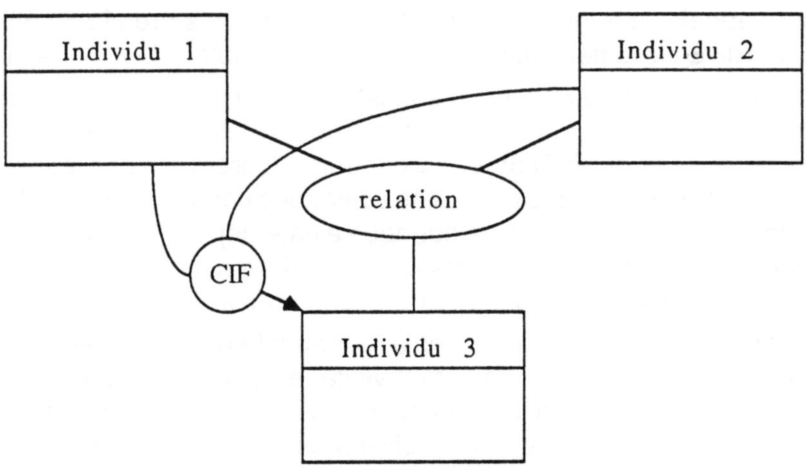

Schéma VII.11 — **"Formalisme graphique de la CIF"**

ce qui nous donne l'exemple suivant :

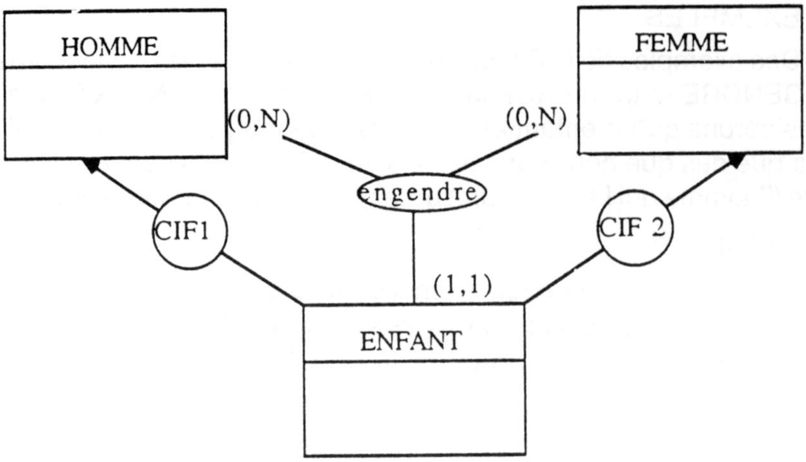

Schéma VII.12 — "**Exemples de CIF sur une relation**"

VII.3 Construction du modèle

VII.3.1 Mécanisme de construction du modèle

Pour construire le Modèle Conceptuel des Données, nous devons nous rappeler que le MCD est conçu lors des trois premières étapes de MERISE : le schéma directeur, l'étude préalable et l'étude détaillée.

C'est à partir du dictionnaire existant ou de l'ensemble des documents d'entrée ou de sortie du système actuellement manipulé par l'entreprise que le MCD brut est construit. La première des tâches est de réunir l'ensemble des propriétés contenues dans le Système d'Information. Si un dictionnaire de données existe déjà, le travail sera facilité. Autrement, il faut aller consulter les différents services de l'entreprise et étudier les documents qu'ils manipulent.

Dans ce deuxième cas, après avoir réuni l'ensemble des données manipulées par l'entreprise, il faut veiller à ce que chacune des données soit de bonne qualité. Pour cela, il faut que chacune d'entre elles soit clairement définie, que les polysèmes (c'est-à-dire les propriétés désignant plusieurs notions) et les synonymes (c'est-à-dire les propriétés désignant la même notion) soient détectés et que les règles de calcul et les contraintes sur la valeur des propriétés soient clairement définies. Les dépendances (fonctionnelles) entre propriétés doivent également être mises en évidence comme nous le verrons ci-après.

Les propriétés ayant trait au même concept, qu'elles servent souvent à caractériser, sont alors regroupées et vont permettre de constituer les individus et les relations du MCD. Ce travail n'est pas facile et doit être fait en consultation avec les utilisateurs.

VII.3.2 Vérification du modèle

Voici les cinq règles de base à vérifier pour tout MCD :

(R1) Une propriété, pour une occurrence de la relation ou de l'individu qui la porte, ne peut être répétitive. Si c'est le cas, il faut la sortir sous forme d'individu séparé.

Dans l'exemple suivant, nous avons une propriété répétitive :

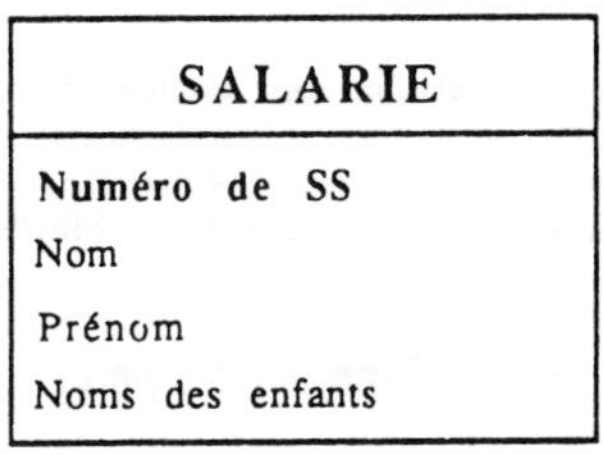

Schéma VII.13 — "**Exemple de propriété répétitive dans un individu**"

Cette propriété devient alors un individu :

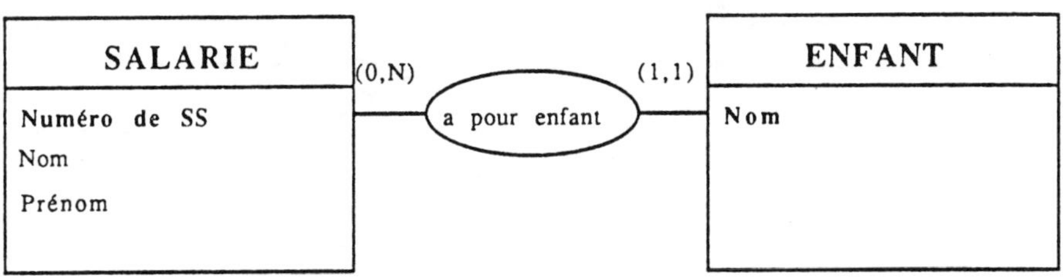

Schéma VII.14 — "**Suppression de la propriété répétitive**"

(R2) Les propriétés portées par un individu ou une relation doivent dépendre entièrement de l'identifiant de l'individu ou de la relation.

(R3) A l'exception des relations réflexives, il doit exister exactement une occurrence et une seule de chacun des individus participant à la relation.

On ne doit pas avoir le schéma suivant :

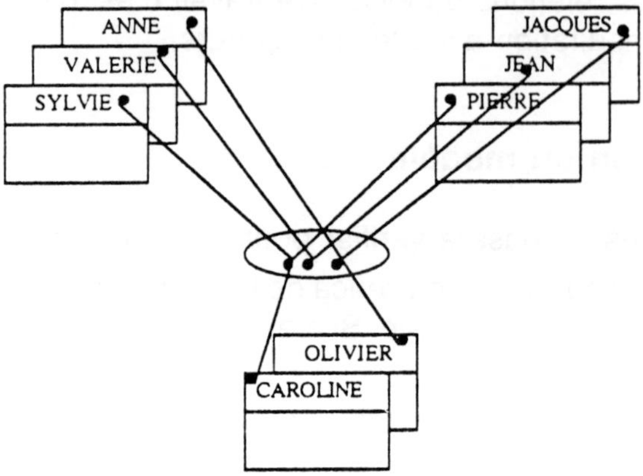

ERREUR: Valérie et Jean sont en relation, sans aucune occurrence du troisième individu Pour traduire le fait que Valérie et Jean sont mariés, mais n'ont pas d'enfant, il faudrait créer directement une relation entre l'individu PERE et l'individu MERE, et ne pas passer par la relation ENGENDRE entre les trois individus PERE, MERE et ENFANT.

Schéma VII.15 — "**Exemple de patte optionnelle**"

(R4) Pour un ensemble d'occurrences d'individus participant à une relation, il ne doit exister qu'une seule occurrence de cette relation.

On ne doit pas avoir le schéma suivant :

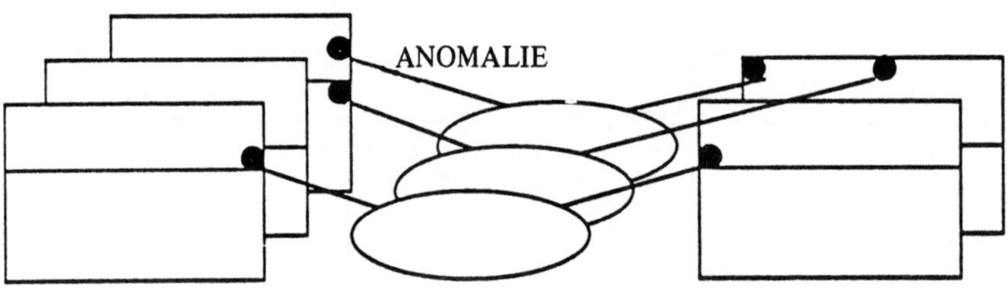

Schéma VII.16 — "**Exemple d'occurrences d'individus participant plusieurs fois à la même relation**"

(R5) Si une propriété dépend de l'identifiant de l'individu qui la porte, mais aussi d'une autre propriété de cet individu, cela signifie qu'il y a un individu imbriqué dans celui qu'on est en train de vérifier.

Etudions par exemple le schéma suivant :

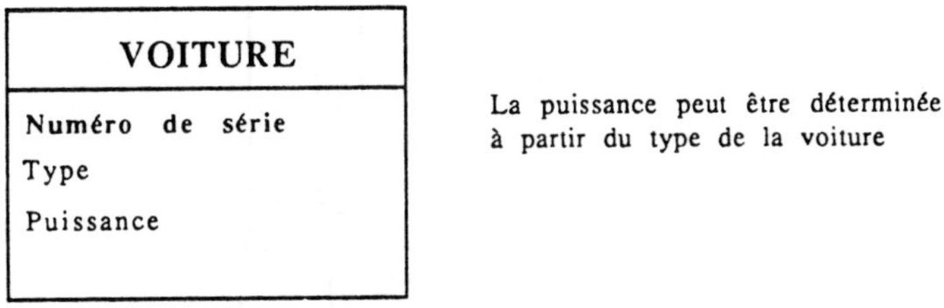

Schéma VII.17 — "**Non vérification de la règle (R5)**"

Après application de la règle, nous obtenons le schéma suivant :

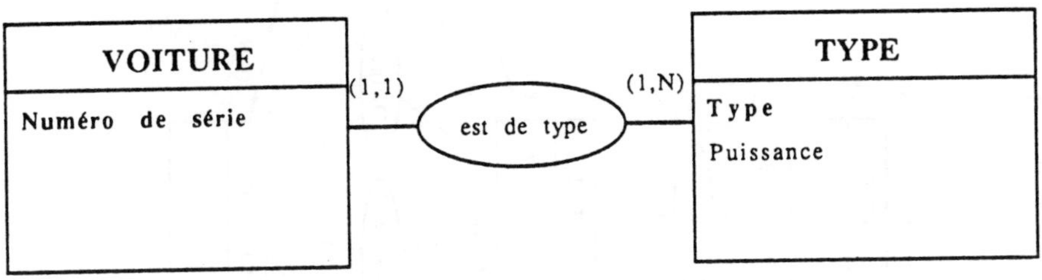

Schéma VII.18 — "**Correction du MCD**"

VII.4 Exemple de modèle : le cas ICF

Voici par exemple le MCD brut du cas ICF : c'est donc le MCD du système de signature et de réalisation d'un contrat au sein d'ICF sans tenir compte des nouvelles orientations souhaitées par la Direction Générale d'ICF.

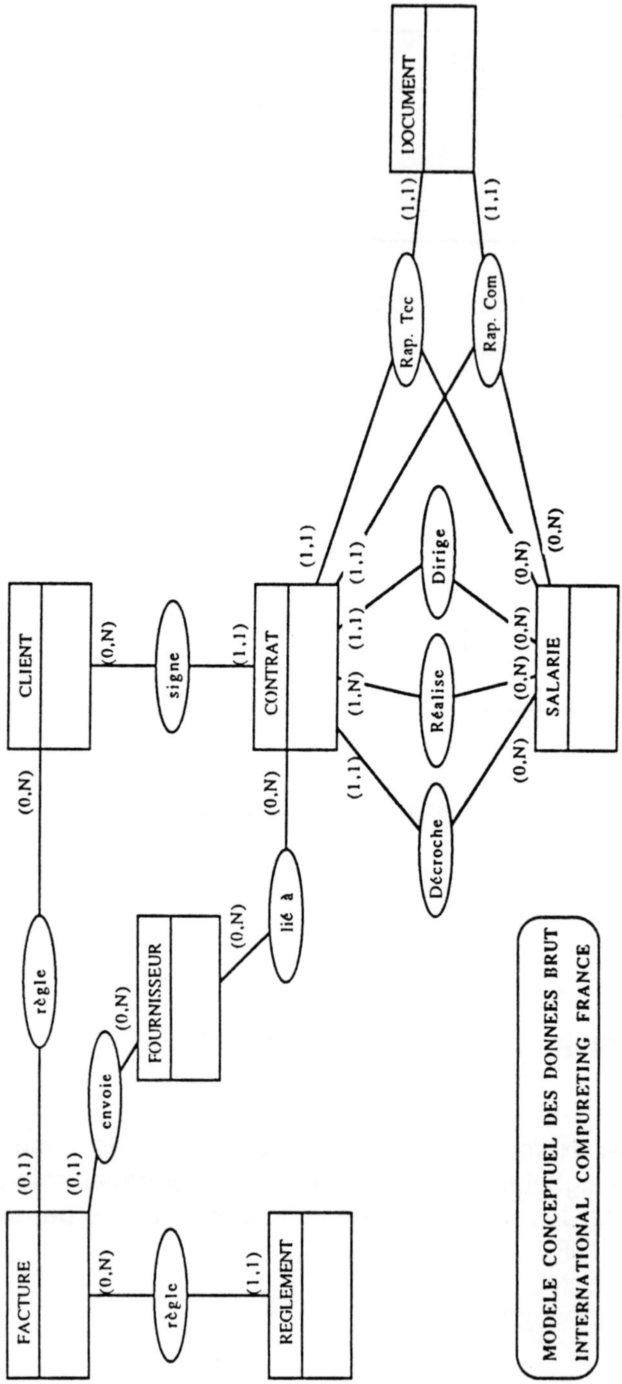

Schéma VII.19 — **"Exemple de MCD : le cas ICF"**

VII.5 Le méta-modèle du Modèle Conceptuel des Données (MCD)

Le méta-modèle du Modèle Conceptuel des Données reprend l'ensemble des concepts et règles de vérification décrits ci-dessus :

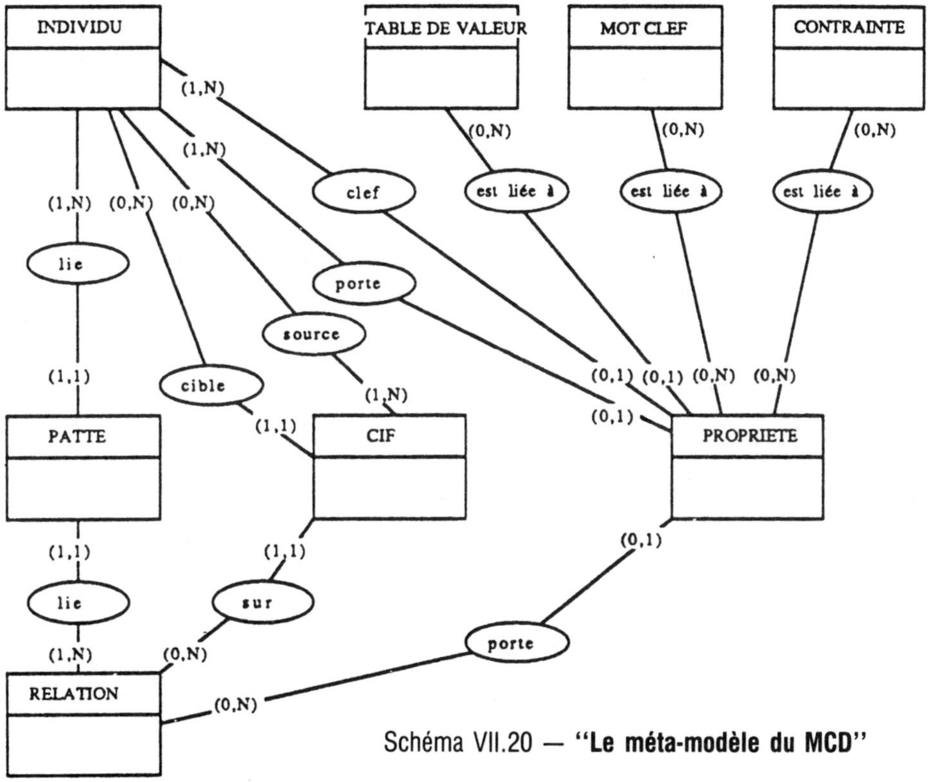

Schéma VII.20 — **"Le méta-modèle du MCD"**

Ce méta-modèle indique que :

- un individu a au moins une propriété comme identifiant.
- un individu est toujours porteur d'au moins une propriété.
- une relation peut être porteuse ou non de propriétés.
- une CIF porte sur une relation, un individu cible et un ensemble d'individus sources.
- une propriété peut prendre ses valeurs dans une table de valeurs.
- une propriété peut être liée à un ensemble de mots-clés.
- des contraintes sur la qualité, la sauvegarde, la confidentialité et la diffusion peuvent être placées sur chaque propriété.
- un individu est lié à un ensemble de pattes.
- chaque patte est liée à une et une seule relation.
- etc...

CHAPITRE VIII

LE MODELE CONCEPTUEL DES TRAITEMENTS (MCT)

VIII.1 Présentation

VIII.1.1 Introduction

Le Modèle Conceptuel des Traitements (MCT) décrit l'activité de l'entreprise en répondant à la question "QUOI ?". Les différents processus de traitement de l'entreprise (paie, facturation, recrutement d'un cadre,...) vont être décrits sans se soucier de savoir QUI les réalise, QUAND ces tâches vont être exécutées et COMMENT elles sont effectuées.

Ce n'est que dans un deuxième temps, au niveau organisationnel que ces trois dernières questions : "QUI ?", "QUAND ?" et "COMMENT" seront résolues.

Le Modèle Conceptuel des Traitements est intéressant car il permet de représenter les processus de l'entreprise avec un formalisme rigoureux et complet.

L'élaboration du MCT est en partie algorithmique car sa construction s'appuie sur le Graphe des Flux.

VIII.1.2 Situation par rapport aux six étapes de MERISE

Le Modèle Conceptuel des traitements est réalisé essentiellement lors de l'étude préalable et de l'étude détaillée.

Le MCT sert de base au développement du Modèle Organisationnel des Traitements (MOT).

Nous avons le schéma suivant :

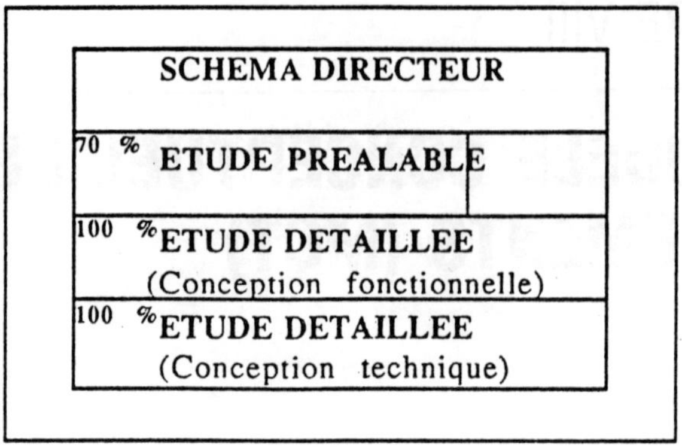

Schéma VIII.1 — **"Situation du MCT par rapport aux étapes de MERISE"**

Le Modèle Conceptuel des Traitements est réalisé :
lors de l'étude préalable pour environ 70 % de précision
lors de l'étude détaillée pour 100 % de précision

VIII.1.3 Les intervenants

Le MCT est réalisé par une partie de l'équipe des concepteurs ainsi qu'avec les utilisateurs qui ont une bonne connaissance du système à l'étude. Il est souhaitable que les mêmes personnes ne travaillent pas sur les modèles des traitements (MCT, MOT) et les modèles des données (MCD, MLD) : la confrontation des différents modèles perdrait alors beaucoup de sa valeur.

VIII.2 Définition des concepts manipulés

VIII.2.1 Le Processus

DÉFINITION

Un processus est un ensemble d'opérations (définies à partir des orientations de gestion) au sein d'un même domaine de l'entreprise et qui concourent à l'élaboration d'un ou plusieurs résultats en réponse à la sollicitation d'un ou plusieurs événements extérieurs au SI.

Cette définition traduit tout d'abord le fait qu'une entreprise ne réalise pas qu'un seul type d'opérations, mais une multitude : la paie, la facturation des clients,...

A chacune de ces grandes opérations correspondra un processus et un MCT. Il faut réaliser autant de MCT qu'il y a de processus dans l'entreprise.

Deux autres caractéristiques des processus sont intéressantes :

- un processus est toujours déclenché par un événement extérieur au domaine : c'est l'envoi d'un bon de commande par un client qui déclenche la livraison des marchandises et leur facturation. De même, c'est le fait que la date du jour soit le 25 du mois qui va déclencher l'édition et l'envoi des feuilles de paie aux salariés.
- l'ensemble des opérations réalisées à l'intérieur d'un processus sont toujours réalisées au sein du même domaine de l'entreprise.

EXEMPLE

Un très grand nombre de processus classiques sont communs aux entreprises : l'édition de la paie des salariés, l'homologation d'un nouveau fournisseur, le recouvrement des factures impayées,...

ATTRIBUTS

Un processus est caractérisé par l'ensemble des attributs suivants :

- un CODE, un LIBELLE et un COMMENTAIRE qui permettent de dénommer, de décrire et de commenter le processus.

FORMALISME GRAPHIQUE

Du point de vue graphique, un processus n'a pas de représentation particulière. En général, on se contente d'indiquer le nom du processus à côté du dessin du MCT de façon à indiquer à quel processus se rapporte le MCT.

VIII.2.2 L'Evénement

DÉFINITION

Un événement est un fait actif qui seul, ou synchronisé avec d'autres événements provoque une réaction du Système d'Information donnant lieu à l'émission d'un ou plusieurs résultats.

Un événement survient dans l'environnement du Système d'Information ou à l'intérieur même de ce système et engendre une réaction de sa part.

Un événement peut déclencher ou résulter d'une opération. Dans ce deuxième cas, l'événement est appelé résultat.

Un même événement peut également être résultat d'une opérat dans un processus et déclencheur d'une opération dans un au processus.

Nous avons en fait le schéma suivant :

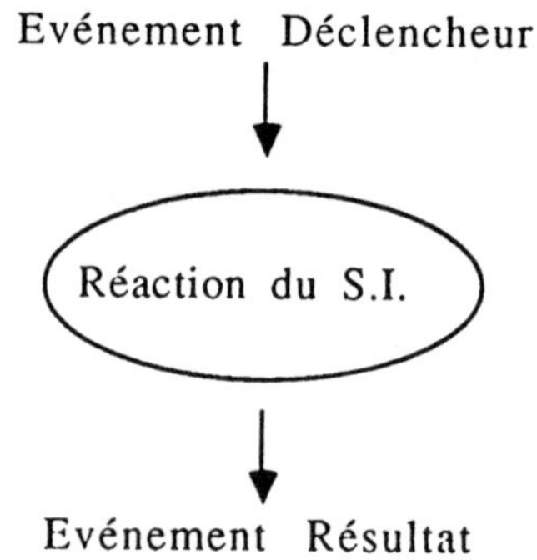

Schéma VIII.2 — **"L'événement déclencheur et résultat au sein du MCT"**

Exemple

Un événement recouvre de nombreuses formes différentes. Une date, une fiche de paie, un accident de voiture, un coup de téléphone,... sont des événements que le Système d'Information va devoir prendre en compte.

ATTRIBUTS

Un événement est caractérisé par l'ensemble des attributs suivants :

- un CODE, un LIBELLE et un COMMENTAIRE qui permettent de dénommer, de décrire et de commenter l'événement.
- son TYPE EXTERNE OU INTERNE au processus. Il existe en effet deux types d'événements : ceux qui sont externes au processus et qui vont permettre de déclencher un processus, et ceux qui sont internes au processus, c'est-à-dire émis par ce dernier.

Il est important de voir qu'un événement peut être déclencheur ou résultat d'une opération, le "ou" n'étant pas exclusif.

Le schéma suivant exprime cela :

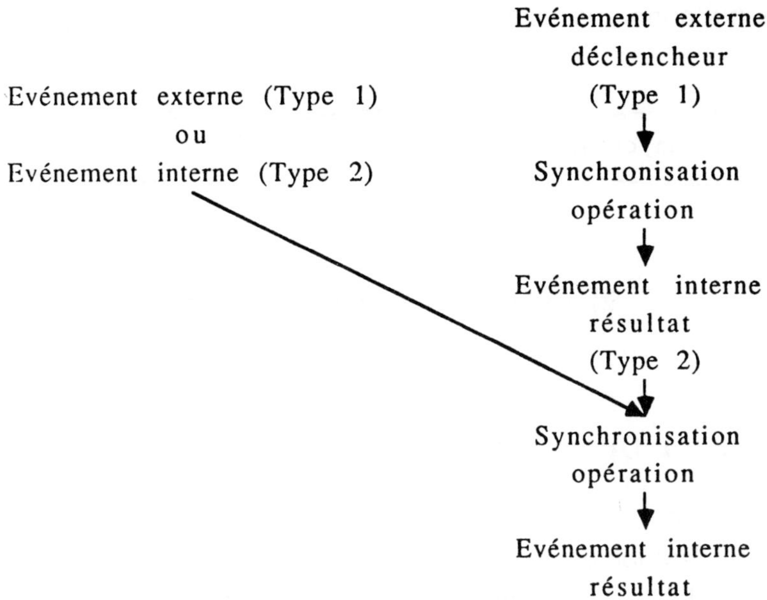

Schéma VIII.3 — "Enchaînement des événements et des opérations"

LIENS

Tout événement est porteur de propriétés. L'événement DATE est par exemple porteur de la DATE DU JOUR, l'événement APPEL D'UN CLIENT est porteur du NOM DU CLIENT et de l'OBJET DE SON APPEL,...

FORMALISME GRAPHIQUE

Du point de vue graphique, un événement est représenté par un ovale à l'intérieur duquel est inscrit son libellé. Afin de distinguer les événements internes et externes au Système d'Information, il est intéressant de prendre un motif de fond pour les événements internes et externes au processus.

Nous avons le schéma suivant :

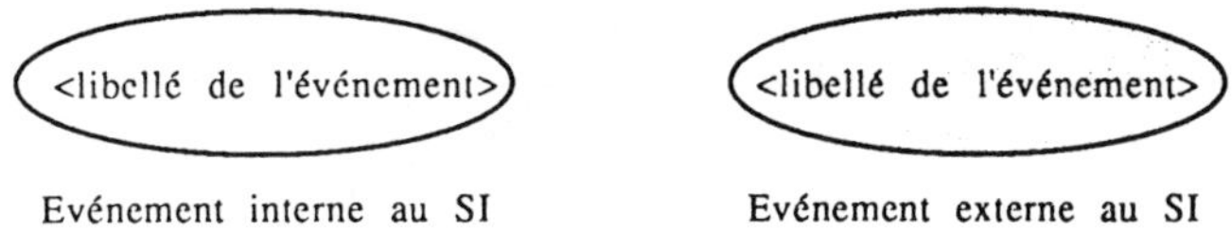

Schéma VIII.4 — "**Formalisme graphique d'un événement**"

ce qui donne par exemple le schéma suivant :

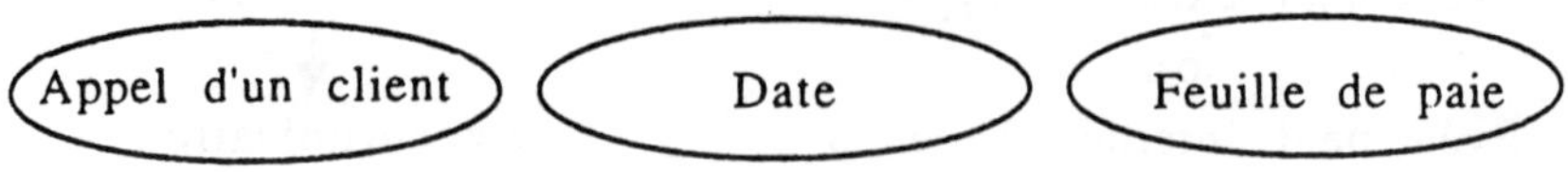

Schéma VIII.5 — "**Exemples d'événements**"

VIII.2.3 L'Opération

Définition

Une opération est un ensemble de tâches (définies par les règles de gestion) qui sont exécutées de façon enchaînée.

Pour être activée, une opération doit satisfaire certaines conditions qui sont récapitulées dans la synchronisation des événements internes et externes déclencheurs de l'opération. Une fois déclenchée, une opération ne peut être interrompue.

Une opération dépend donc de l'activation d'une synchronisation. Une fois cette activation réalisée, les tâches de l'opération s'exécutent de façon enchaînée. Au sortir de l'opération, un ensemble d'événements est émis en fonction des résultats de l'opération.

Nous avons les schémas suivants :

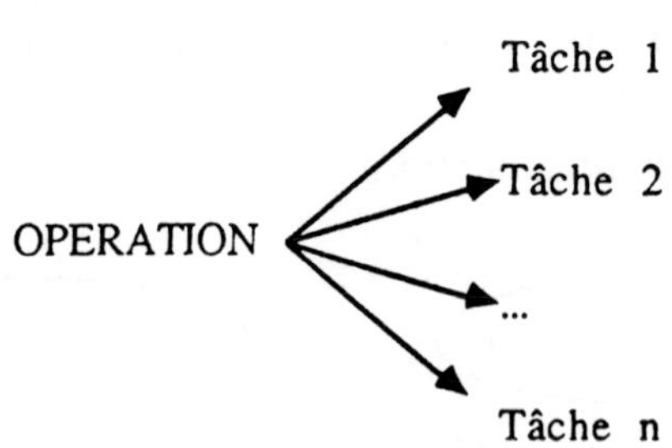

Schéma VIII.6 — "**Décomposition d'une opération en tâches**"

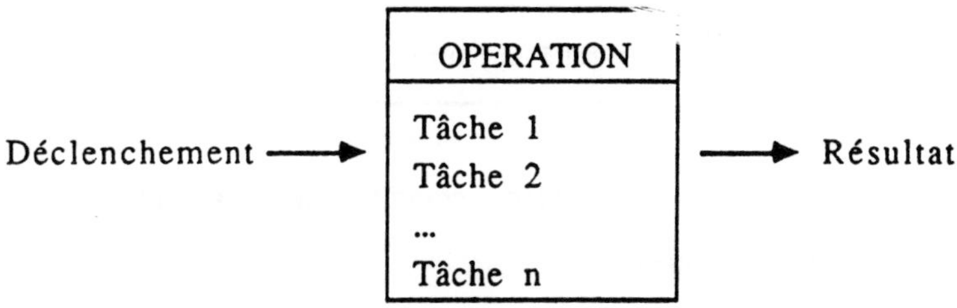

Schéma VIII.7 — **"Le cycle de vie d'une opération"**

EXEMPLE

A l'intérieur du processus "Homologation d'un nouveau fournisseur", nous aurons par exemple les opérations suivantes :

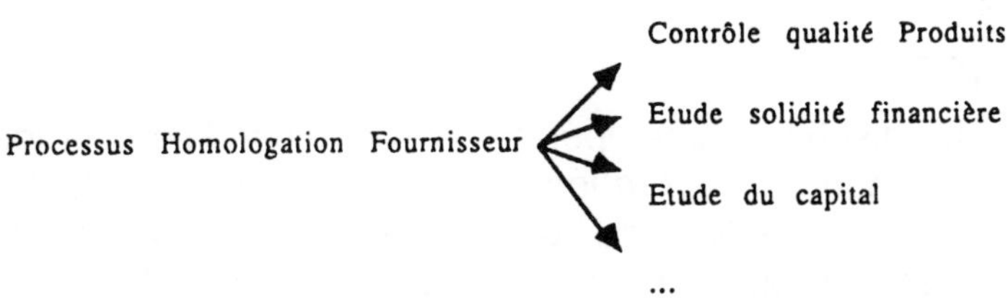

Schéma VIII.8 — **"Exemples d'opérations"**

ATTRIBUTS

Une opération est caractérisée par les attributs suivants :

- un CODE, un LIBELLE et un COMMENTAIRE qui permettent de dénommer, de décrire et de commenter l'opération.

LIENS

Par essence, une opération doit nécessairement comporter une synchronisation des événements qui la déclenchent, un ensemble de tâches qui vont être ensuite exécutées et un ensemble de règles d'émission en sortie.

Toute opération doit donc être reliée à une synchronisation, un ensemble de tâches et un ensemble de règles d'émission.

FORMALISME GRAPHIQUE

Du point de vue graphique, l'opération est représentée par un rectangle à l'intérieur duquel est inscrit son libellé.

Nous avons le schéma suivant :

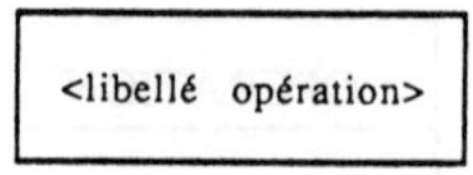

Schéma VIII.9 — "**Formalisme graphique de l'opération**"

ce qui donne par exemple :

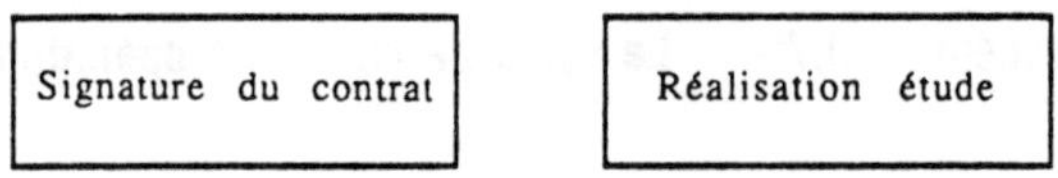

Schéma VIII.10 — "**Exemples d'opérations**"

VIII.2.4 La Synchronisation

DÉFINITION

La synchronisation d'une opération est une condition sur les événements déclenchant l'opération qui va permettre de déclencher ensuite l'opération. Cette condition peut porter sur la valeur de propriétés portées par les événements et sur le nombre d'occurrences des événements. Elle peut aussi comporter une partie logique.

Afin de pouvoir dénommer facilement les événements qui participent à la synchronisation, on donne à chacun d'entre eux un synchrocode qui est une lettre de l'alphabet. Par exemple, si une opération est déclenchée par les deux événements Evt1 et Evt2, nous attacherons à Evt1 le synchrocode A et à Evt2 le synchrocode B. La synchronisation sera alors par exemple : "A et B", ce qui signifie "Evt1 et Evt2".

Nous avons en fait le schéma suivant :

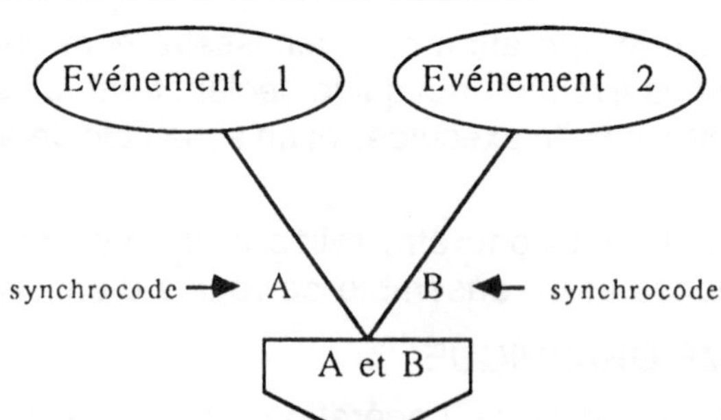

Schéma VIII.11 — "**Exemple de synchrocode**"

EXEMPLE

L'opération "Edition des feuilles de paie" est déclenchée par l'événement "Date". La synchronisation qui va permettre de déclencher l'opération est en fait la condition : "Date = 25 du mois".

L'opération "Homologation d'un fournisseur" est déclenchée par la synchronisation des deux événements "Rapport positif d'enquête" et "Qualité des produits satisfaisantes".

L'opération "Révision d'une série de voiture" au sein d'une entreprise de construction automobile est déclenché par la synchronisation des cent occurrences de l'événement "Pièce détachée défectueuse".

ATTRIBUTS

Une opération est caractérisée par l'ensemble des attributs suivants :

- un CODE, un LIBELLE et un COMMENTAIRE qui permettent de dénommer, de décrire et de commenter la synchronisation.

FORMALISME GRAPHIQUE

Du point de vue graphique, la synchronisation d'une opération est représentée par un petit triangle placé au-dessus de l'opération dans lequel est inscrit le libellé de l'opération.

Nous avons le schéma suivant :

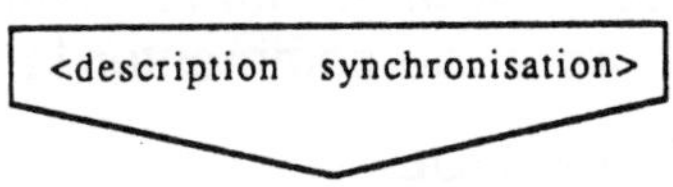

Schéma VIII.12 — "**Formalisme graphique de la synchronisation**"

ce qui donne par exemple :

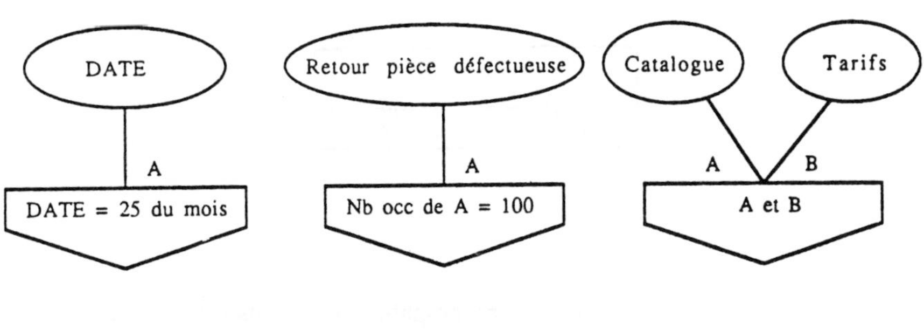

Schéma VIII.13 — "**Exemples de synchronisations**"

VIII.2.5 La Règle d'Emission

DEFINITION

Une règle d'émission au sortir d'une opération va permettre de décider quel(s) résultat(s) déclencher en fonction des événements de l'opération.

EXEMPLE

Les règles d'émission les plus couramment utilisées sont les trois suivantes :

- OK : si le résultat de l'opération est bon
- Non OK : si le résultat de l'opération n'est pas bon
- RAS : si l'émission d'événement est indépendante des résultats de l'opération

En sortie de l'opération "Edition des feuilles de paie", nous avons les deux règles d'émission suivantes :

- Si les feuilles de paie sont OK, on peut les envoyer
- Si les feuilles de paie ne sont pas OK, il faut les modifier

ATTRIBUTS

Une règle d'émission est caractérisée par l'ensemble des attributs suivants :

- un CODE, un LIBELLE et un COMMENTAIRE qui permettent de dénommer, de décrire et de commenter la règle d'émission.

FORMALISME GRAPHIQUE

Du point de vue graphique, les règles d'émission sont indiquées au bas de l'opération avec leur libellé.

Nous avons le schéma :

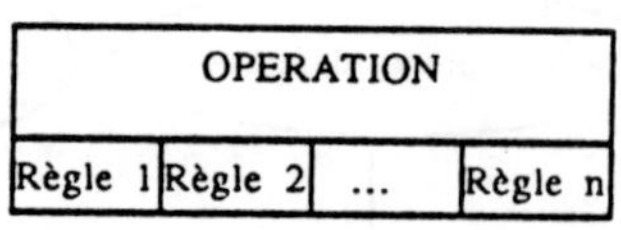

Schéma VIII.14 — **"Formalisme graphique des règles d'émission"**

ce qui donne dans la pratique :

Vérification Déclaration	
Valide	Non Valide

Calcul Tranche d'imposition			
T1	T2	T3	T4

Schéma VIII.15 — "**Exemples de règles d'émission**"

VIII.2.6 La Tâche

DEFINITION

Une tâche est une action unitaire réalisée au sein de l'entreprise. La liste des tâches élémentaires de l'entreprise est généralement issue des orientations de gestion.

Pour s'exécuter, une tâche utilise généralement un certain nombre de propriétés stockées dans le dictionnaire central de l'entreprise.

EXEMPLE

Voici une liste de tâches relatives à l'édition des feuilles de paie mises en évidence lors des règles de gestion :

- le calcul du nombre de points des salariés
- l'édition des feuilles de paie par la secrétaire
- la vérification manuelle des feuilles de paie
- etc...

ATTRIBUTS

Une tâche est caractérisée par l'ensemble des attributs suivants :

- un CODE, un LIBELLE et un COMMENTAIRE qui permettent de dénommer, de décrire et de commenter la tâche.

LIENS

Une tâche manipule généralement un ensemble de propriétés nécessaires à sa bonne réalisation. Le calcul du nombre de point d'un salarié, par exemple, nécessite la connaissance de sa date d'entrée dans la société, de son âge, de son coefficient hiérarchique,...

FORMALISME GRAPHIQUE

Du point de vue graphique, les tâches constitutrices d'une opération n'apparaissent pas sur le dessin du MCT. Elles doivent être marquées sur un document écrit en annexe du dessin du MCT.

VIII.2.7 Résumé du formalisme du MCT

De nombreux concepts venant d'être définis, voici un schéma qui récapitule l'ensemble de ces concepts et leur enchaînement :

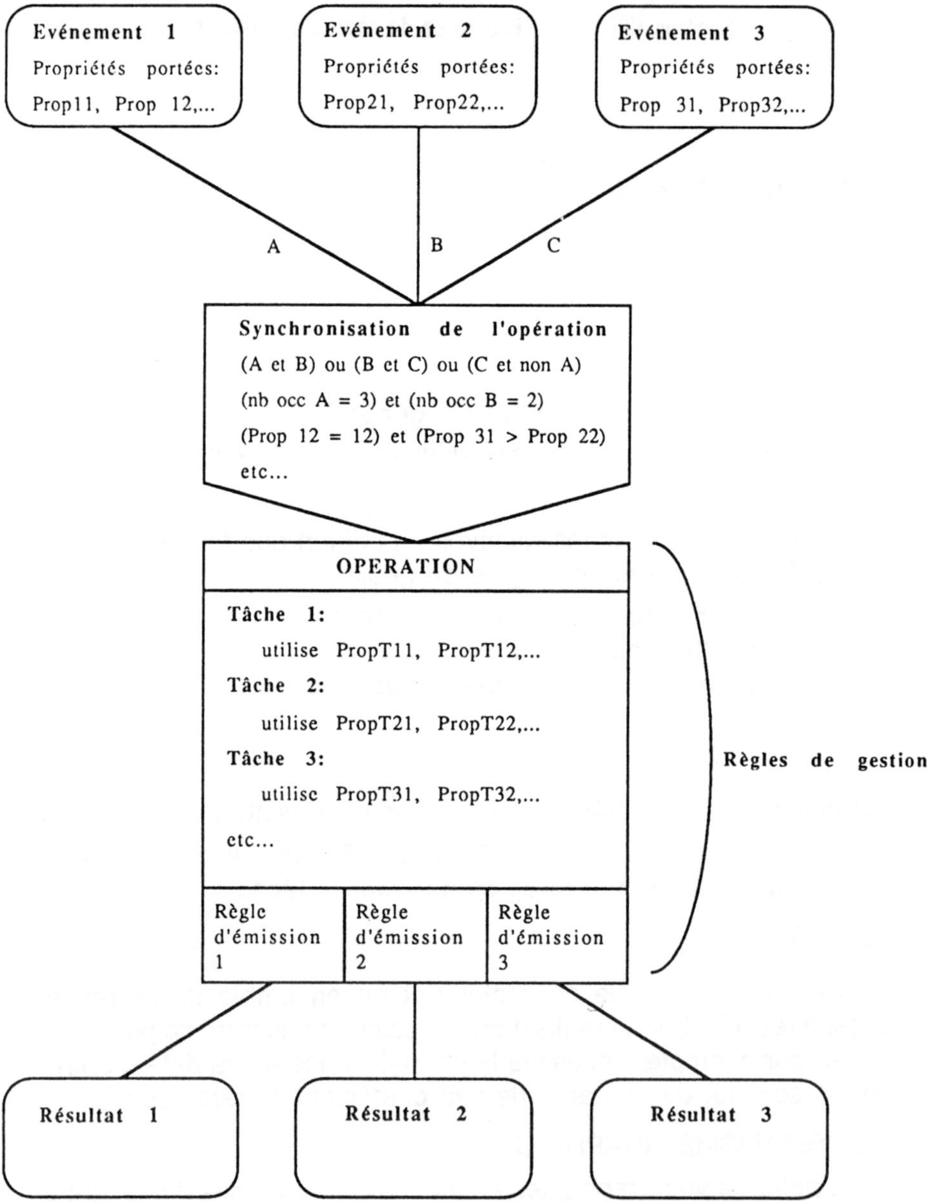

Schéma VIII.16 — **"Résumé du formalisme du MCT"**

VIII.3 Construction du modèle

VIII.3.1 Mécanisme de construction du modèle

La construction du Modèle Conceptuel des Traitements se fait de façon assez naturelle. Le formalisme proposé par MERISE est simple à interpréter. Un de ses avantages est la possibilité pour les utilisateurs de valider relativement facilement le MCT.

La construction du MCT part du graphe des flux et des règles de gestion. Etudions donc la construction du processus "Signature et Réalisation d'un contrat".

- La première chose à effectuer consiste à identifier dans le graphe des flux l'ensemble des flux d'information en rapport avec le processus étudié. Nous aboutissons alors au schéma suivant :

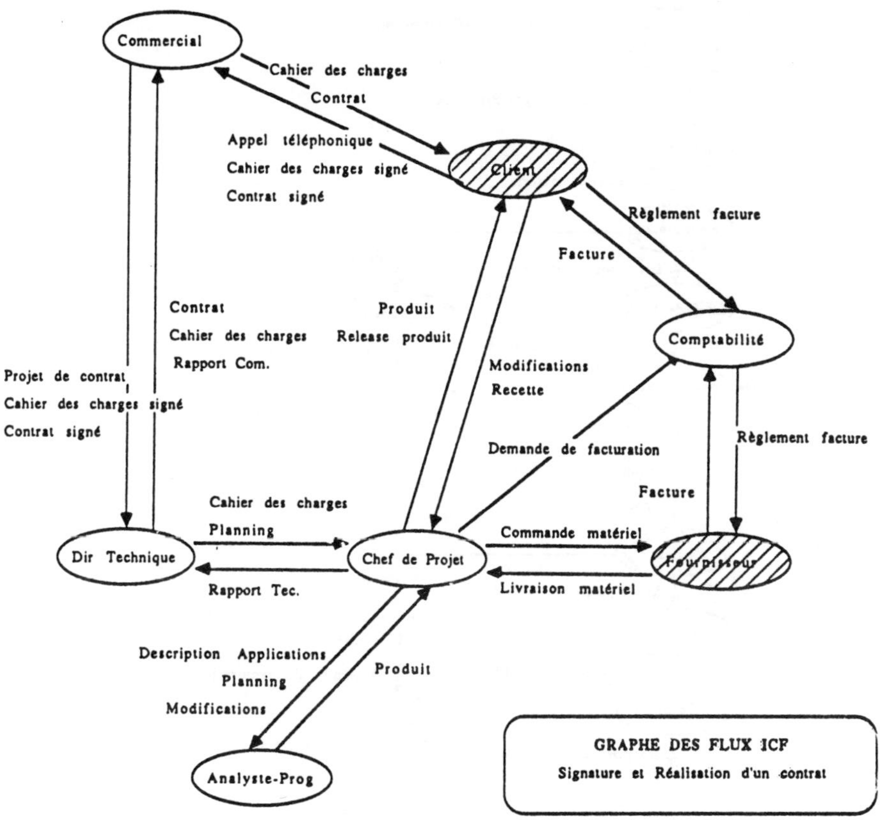

Schéma VIII.17 — **"Flux du processus Signature et Réalisation d'un contrat"**

- La deuxième étape consiste à ordonnancer les flux d'informations sélectionnés en partant du flux qui déclenche le processus. Nous arrivons alors au schéma suivant :

Schéma VIII.18 — **"Flux orientés du processus Signature et Réalisation d'un contrat"**

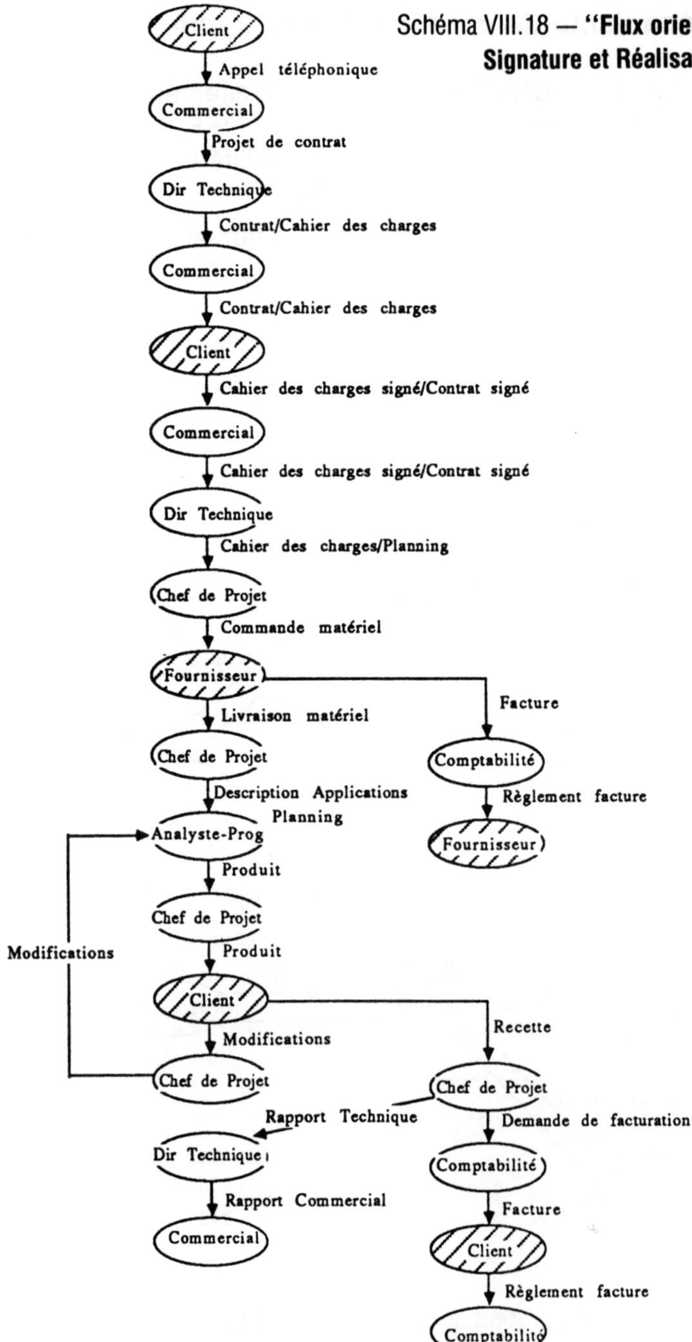

Dans ce schéma se trouvent en fait quasiment tous les événements qui se trouveront ensuite dans le MCT du processus.

- La troisième étape va aboutir au dessin du MCT brut. Chaque flux du graphe des flux devient un événement au sein du MCT. Il faut alors prendre soin d'éliminer les traitements redondants. Voici le schéma obtenu.

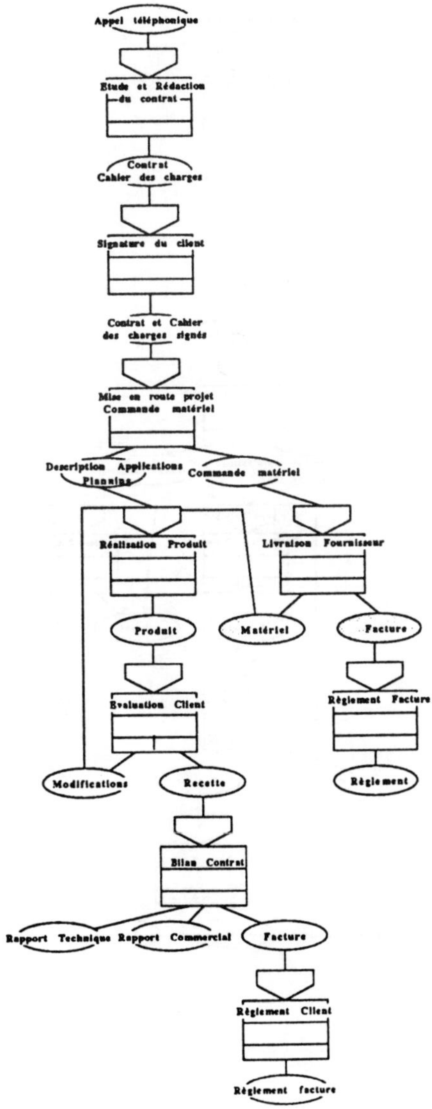

Schéma VIII.19 — **"MCT brut du processus Signature et Réalisation d'un contrat"**

- La quatrième et dernière étape va permettre d'aboutir au MCT définitif. Pour cela, il faut renseigner les synchronisations de différentes opérations, indiquer les propriétés portées par les événements, décrire les tâches des opérations et enfin indiquer les propriétés portées par les différentes tâches. Ce travail est principalement effectué à partir des règles de gestion. Voici le schéma définitif :

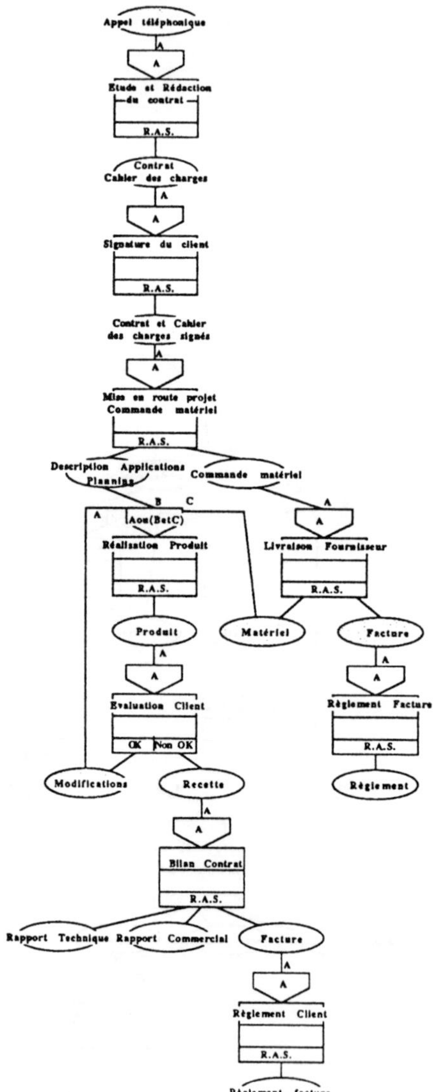

Schéma VIII.20 — **"MCT final du processus Signature et Réalisation d'un contrat"**

Le schéma ci-dessous résume le passage du graphe des flux au MCT :

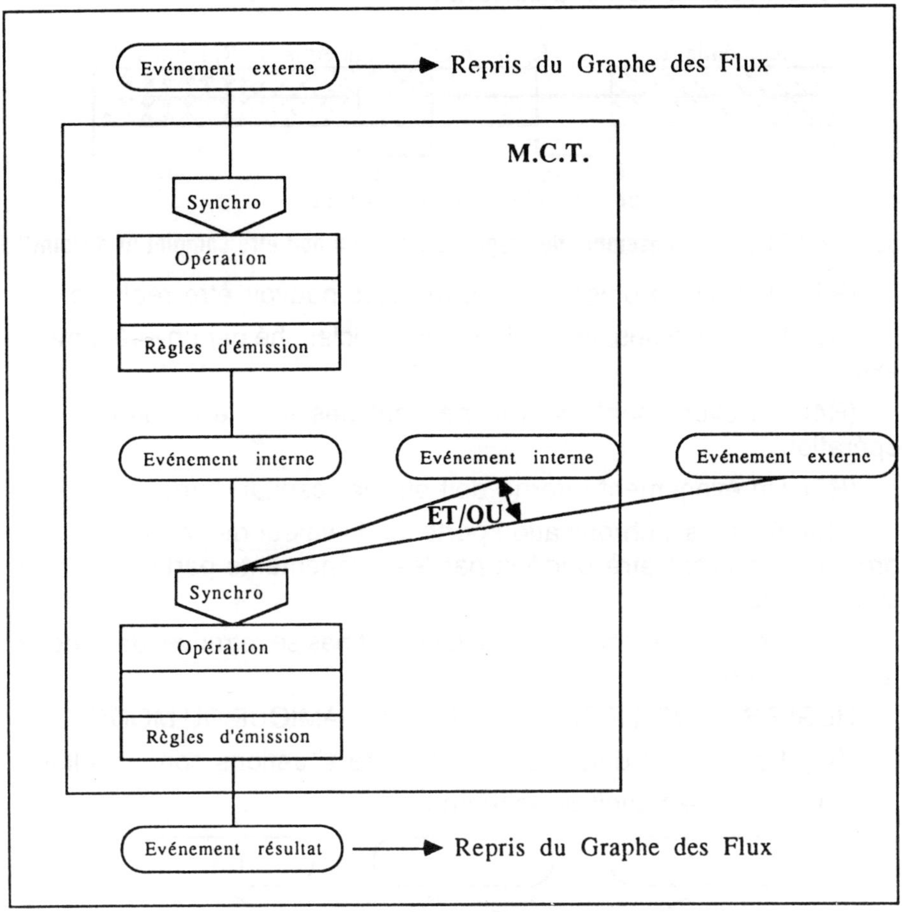

Schéma VIII.21 — **"Le passage du graphe des flux au MCT"**

VIII.3.2 Vérification du modèle

La vérification du MCT de chacun des processus du SI s'effectue en plusieurs étapes. Voici l'ensemble des règles à vérifier :

REGLES DE BASE A VERIFIER

(R1) L'ensemble des règles d'émission d'une opération doit être complet et disjoint, c'est-à-dire que tous les cas qui peuvent se présenter doivent être étudiés et il ne doit exister qu'une et une seule règle d'émission pour chacun d'entre eux.

Nous avons le schéma suivant :

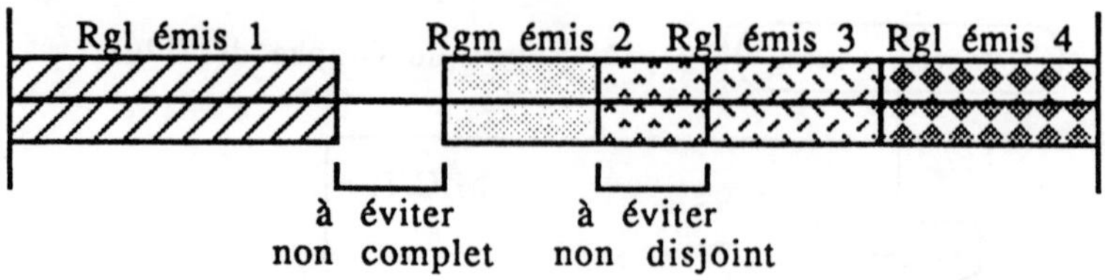

Schéma VIII.22 — **"L'ensemble des règles d'émission doit être complet et disjoint"**

(R2) Une synchronisation doit toujours pouvoir être réalisée.

(R3) Un processus doit toujours être déclenché par un événement externe.

(R4) Un événement externe ne peut pas être le résultat d'une opération.

(R5) Un événement interne doit être le résultat d'une opération.

(R6) Si une synchronisation porte sur la valeur de propriétés, ces propriétés doivent être portées par les événements participant à la synchronisation.

(R7) Une même règle de gestion ne doit pas se retrouver dans deux tâches différentes.

REGLES DE VERIFICATION DE LA DYNAMIQUE DU MODELE (*)

(R8) Le MCT ne doit pas présenter de situations conflictuelles.

On ne doit pas avoir le schéma suivant :

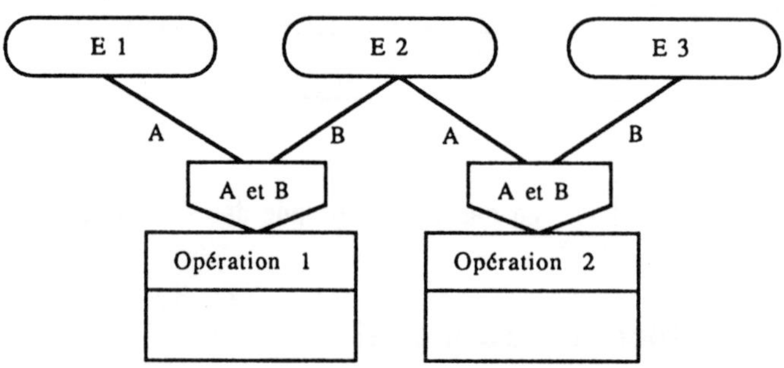

Conflit sur l'événement 2: à supposer qu'il existe une occurrence d'événement 1 et 3, si une occurrence d'événement 2 arrive, elle ne sait pas si elle doit aller vers l'opération 1 ou vers l'opération 2.

Schéma VIII.23 — **"Exemple de situation conflictuelle"**

(*) Cette partie est inspirée du livre vert (tome I) avec l'aimable autorisation d'Hubert Tardieu, que nous remercions.

(R9) Le MCT ne doit pas présenter de cycles.

On ne doit pas avoir le schéma suivant :

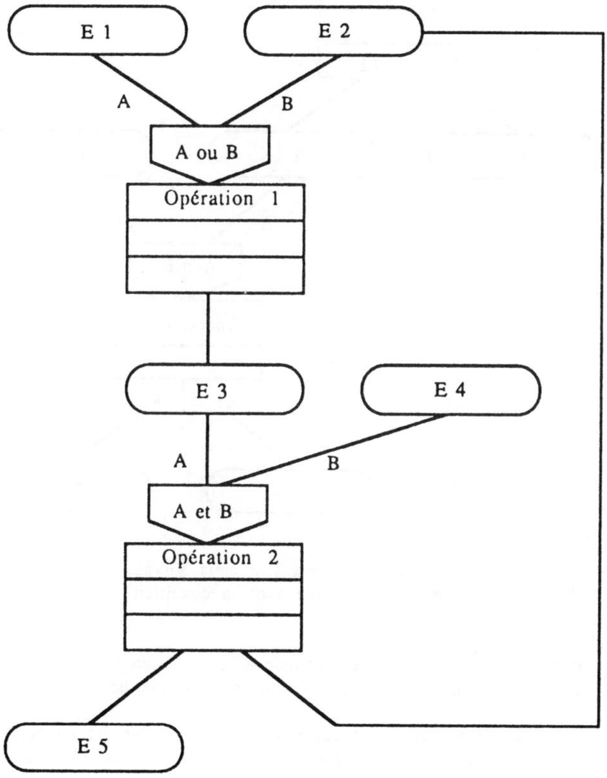

Cycle: l'opération 1 ne risque-t-elle pas de se dérouler sans fin ?

Schéma VIII.24 — **"Exemple de cycle"**

(R10) Toute position du MCT doit être atteignable, c'est-à-dire que toute opération doit pouvoir être déclenchée.

Soit le schéma suivant :

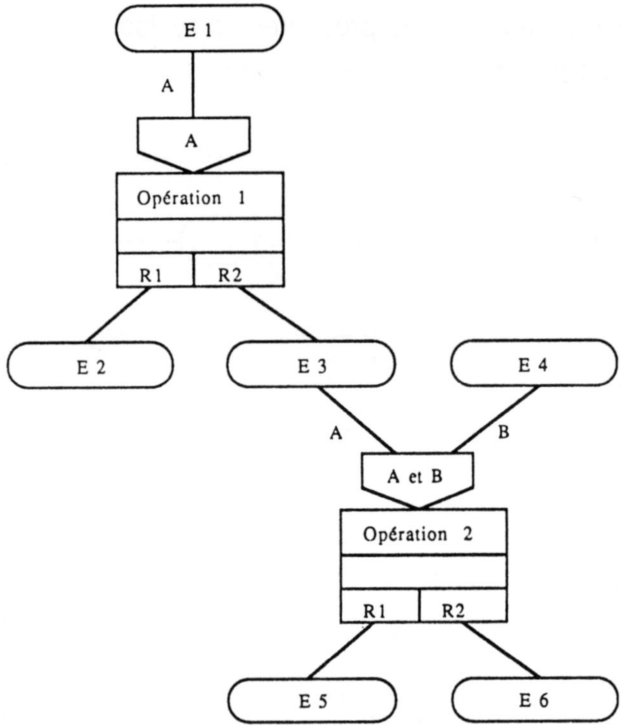

L'événement E5, pour être atteignable, devra être émis suivant une condition d'émission R1 de l'opération 2 qui ne soit pas incompatible avec la condition d'émission de E3 qui est R2 de l'opération 1.

Si la condition R1 de l'opération 2 est identique à la condition R2 de l'opération 1, il y aura compatibilité et à chaque occurrence de E3 correspondra une occurrence de E5.

Si la condition R2 de l'opération 1 est exclusive de la condition R1 de l'opération 2, il y aura incompatibilité et à une occurrence de E3 ne correspondra jamais une occurrence de E5.

Schéma VIII.25 — **"Exemple de position non atteignable"**

VIII.4 Exemple de modèle : le cas ICF

Voir la construction du MCT au paragraphe précédent.

VIII.5 Le méta-modèle

Le méta-modèle du Modèle Conceptuel des Traitements reprend l'ensemble des concepts et des règles décrits ci-dessus :

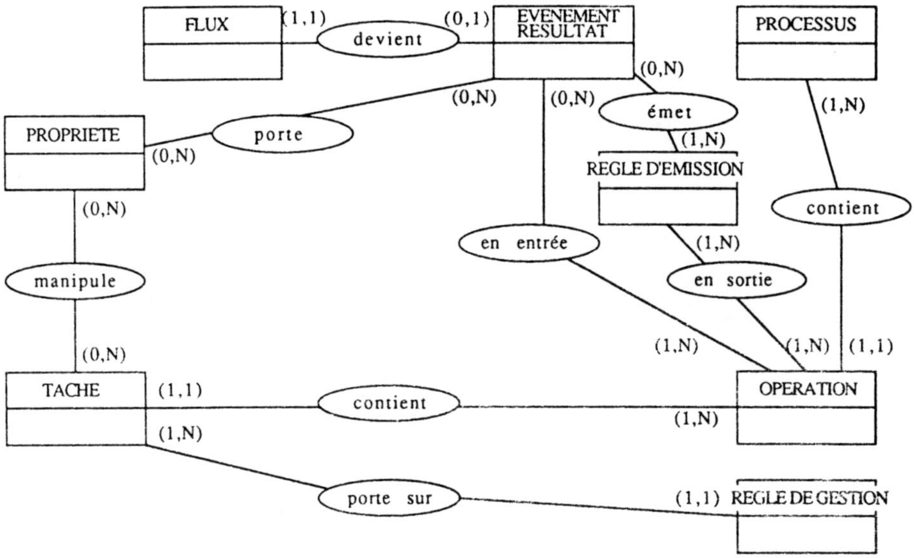

Schéma VIII.26 — **"Le méta-modèle du MCT"**

Ce méta-modèle indique que :

- tout flux du graphe des flux devient un événement du MCT.
- une opération est toujours rattachée à un processus.
- une opération est activée par un ensemble d'événements via une synchronisation.
- une opération a un ensemble de règles d'émission en sortie.
- une règle d'émission peut activer un ensemble d'événements.
- un événement est porteur de propriétés.
- une opération est composée de tâches.
- une tâche manipule des propriétés et des règles de gestion.
- etc...

CHAPITRE IX

LA PRISE EN COMPTE DES NOUVEAUX BESOINS ET DES NOUVELLES ORIENTATIONS

IX.1 La prise en compte des nouveaux besoins et des nouvelles orientations

IX.1.1 Présentation et exemple

L'objectif de cette phase est de :

- recenser les nouvelles règles de gestion aussi bien pour les données que pour les traitements,
- modifier les MCD et MCT à partir des nouvelles orientations.

Pour illustrer l'impact de cette étape, qui est du niveau conceptuel, sur les modèles conceptuels de données et de traitements actuels, nous vous proposons d'étudier les deux exemples suivants :

IX.1.2 Exemple de MCD

Le MCD actuel des données que nous avons établi pour le cas ICF est, rappelons-le, le suivant :

Schéma IX.1 — "**MCD actuel du cas ICF**"

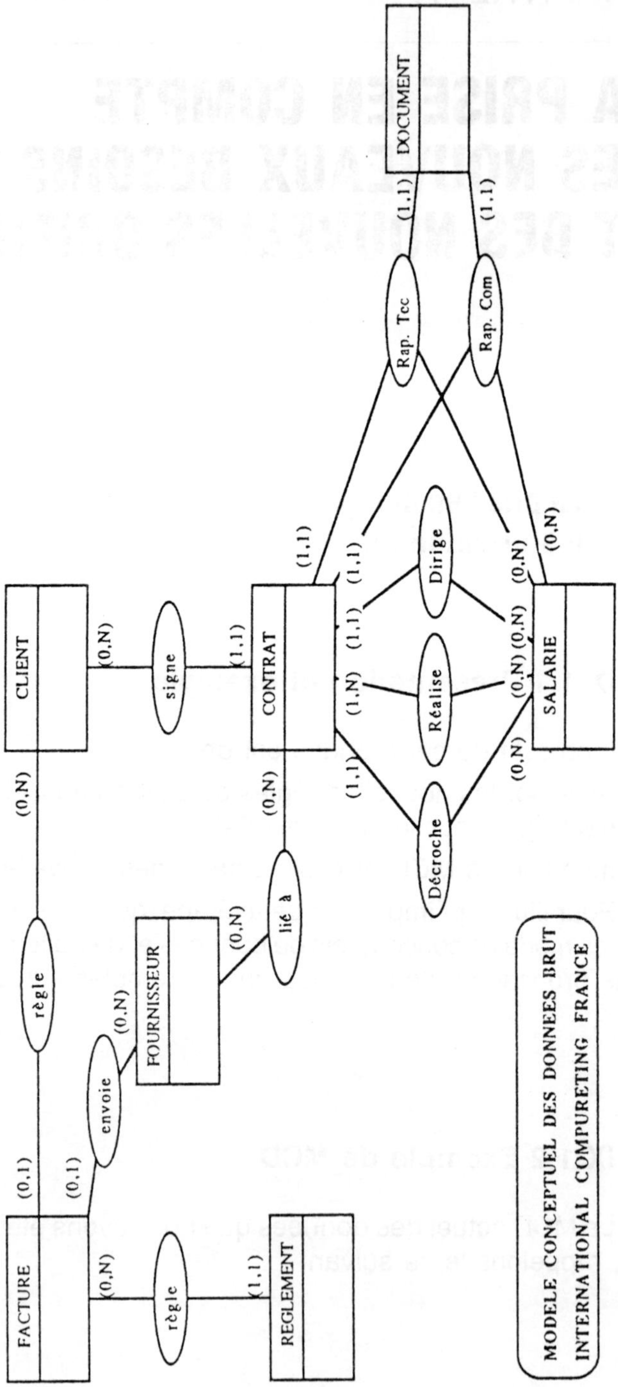

Afin de pouvoir gérer au mieux ses différents contrats et de savoir exactement ce qu'il dépense sur chacun d'entre eux, le PDG d'ICF souhaite intégrer la paie de son personnel au système de gestion des contrats de l'entreprise. Pour cela, il faut que le MCD permette de calculer les frais salariaux et matériels liés à chaque contrat.

Le MCD actuel ne permet pas de connaître les factures fournisseurs liées à chaque contrat. Nous devons donc créer une relation entre l'individu FACTURE et l'individu CONTRAT. De plus, nous devons rajouter les individus FEUILLE DE PAIE et NOTE DE FRAIS afin de pouvoir gérer les frais salariaux rattachés à chaque contrat.

Par ailleurs, la direction d'ICF ne souhaite plus gérer de façon informatisée l'ensemble des rapports techniques et commerciaux rédigés en fin de contrats.

La prise en compte de ces nouveaux besoins et de ces nouvelles orientations nous amène à modifier le MCD et à proposer le MCD suivant :

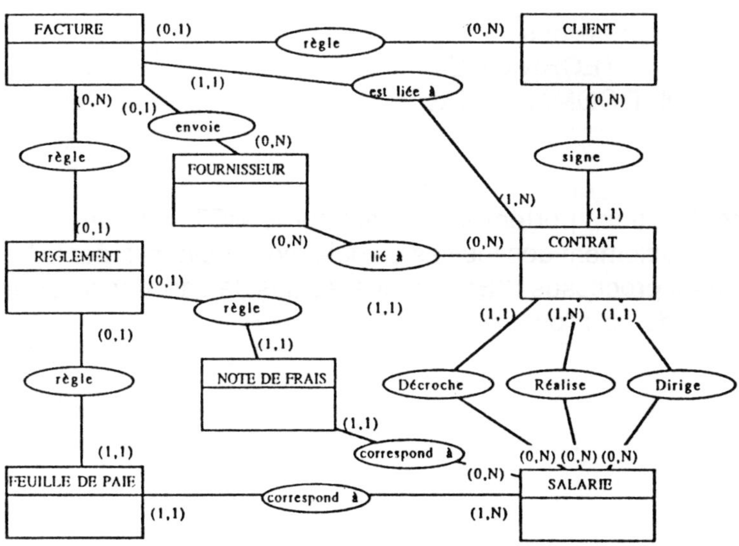

MODELE CONCEPTUEL DES DONNEES BRUT APRES PRISE EN COMPTE DES NOUVELLES ORIENTATIONS
INTERNATIONAL COMPURETING FRANCE

Schéma IX.2 — **"Prise en compte des nouvelles orientations pour le MCD"**

Ainsi que vous pouvez le constater, la prise en compte de ces besoins a rendu nécessaire :

- pour les individus :

  - deux créations :
    NOTE DE FRAIS
    FEUILLE DE PAIE

  - une suppression :
    DOCUMENT

- pour les relations :

  - quatre créations :
    correspond à entre SALARIE et FEUILLE DE PAIE
    correspond à entre SALARIE et NOTE DE FRAIS
    règle entre FEUILLE DE PAIE et REGLEMENT
    règle entre NOTE DE FRAIS et REGLEMENT

  - deux suppressions :
    RAPPORT TECHNIQUE
    RAPPORT COMMERCIAL

Les modifications portent également sur le MCT. Afin de prendre en compte le règlement des feuilles de paie, nous devons créer le MCT de ce nouveau processus :"Edition des feuilles de paie des salariés". Voici le MCT de ce processus :

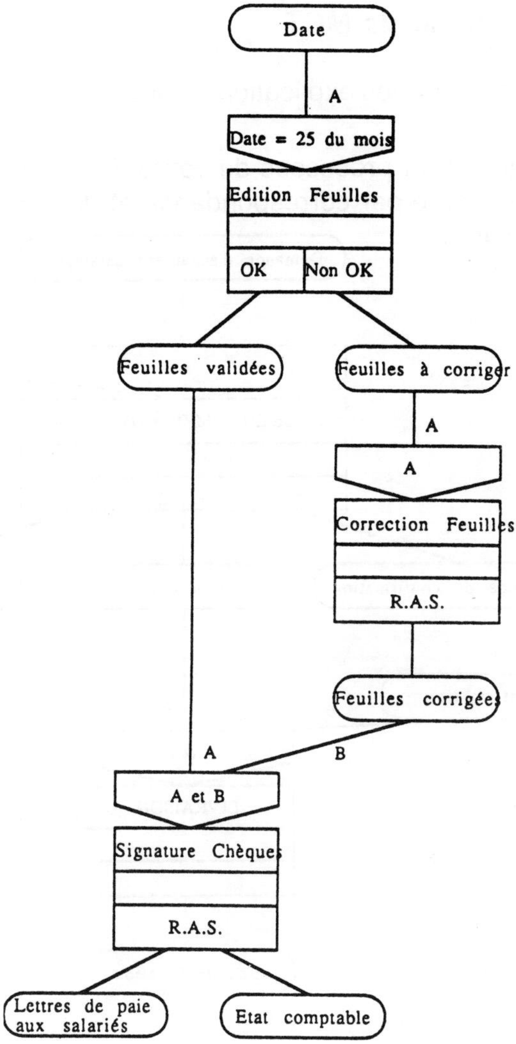

Schéma IX.3 — **"MCT du processus Edition des feuilles de paie ICF"**

La prise en compte des besoins et des nouvelles orientations peut également rendre nécessaire la création et/ou modification de tâches dans des opérations des MCT.

En dehors du fait de modifier le MCD et le MCT actuels pour prendre en compte les souhaits et orientations nouvelles de la Direction, la prise en compte de ces nouveaux besoins implique également qu'il faille encore recenser toutes les nouvelles règles de gestion.

IX.1.3 Exemple de MCT

Afin de compléter nos explications, nous vous proposons d'étudier un nouvel exemple.

Le MCT actuel du processus de vente de meubles de la société MOBIPLUS de vente par correspondance et de fabrication de mobilier est le suivant :

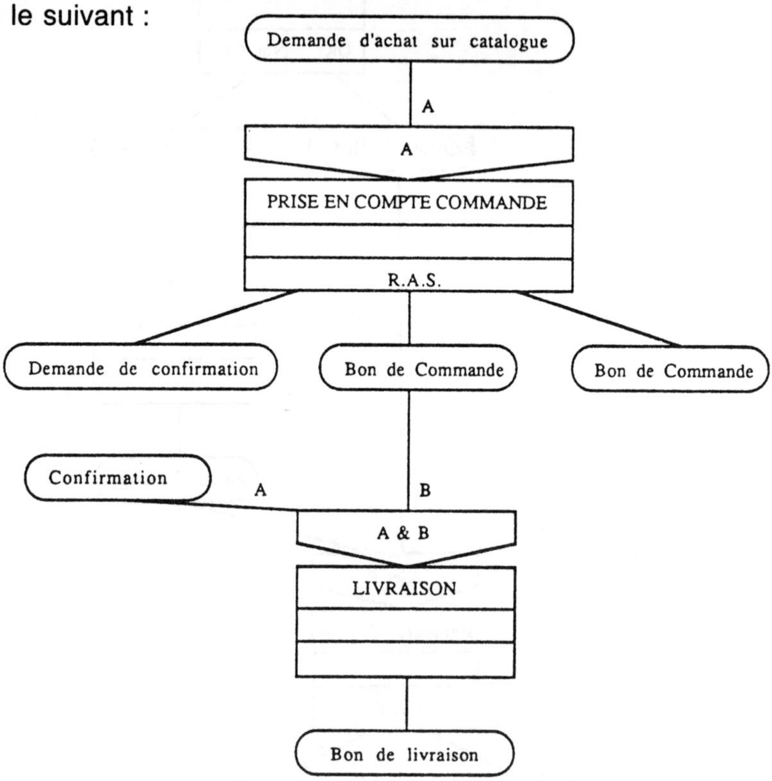

Schéma IX.4 — "**MCT du processus de vente de MOBIPLUS**"

Ce MCT traduit effectivement le processus quotidien de vente de meubles par correspondance : le client remplit la demande d'achat sur le catalogue et l'envoie à MOBIPLUS. La société prend alors en compte la demande du client et lui renvoie une demande de confirmation. Une fois cette dernière renvoyée et signée par le client, la livraison peut alors avoir lieu.

La direction souhaitant en plus vendre des produits sur mesure et prendre en compte dans le système l'activité de fabrication, nous sommes obligés de modifier le MCT pour prendre en compte ces nouveaux besoins.

Voici le MCT de MOBIPLUS après prise en compte des nouveaux besoins :

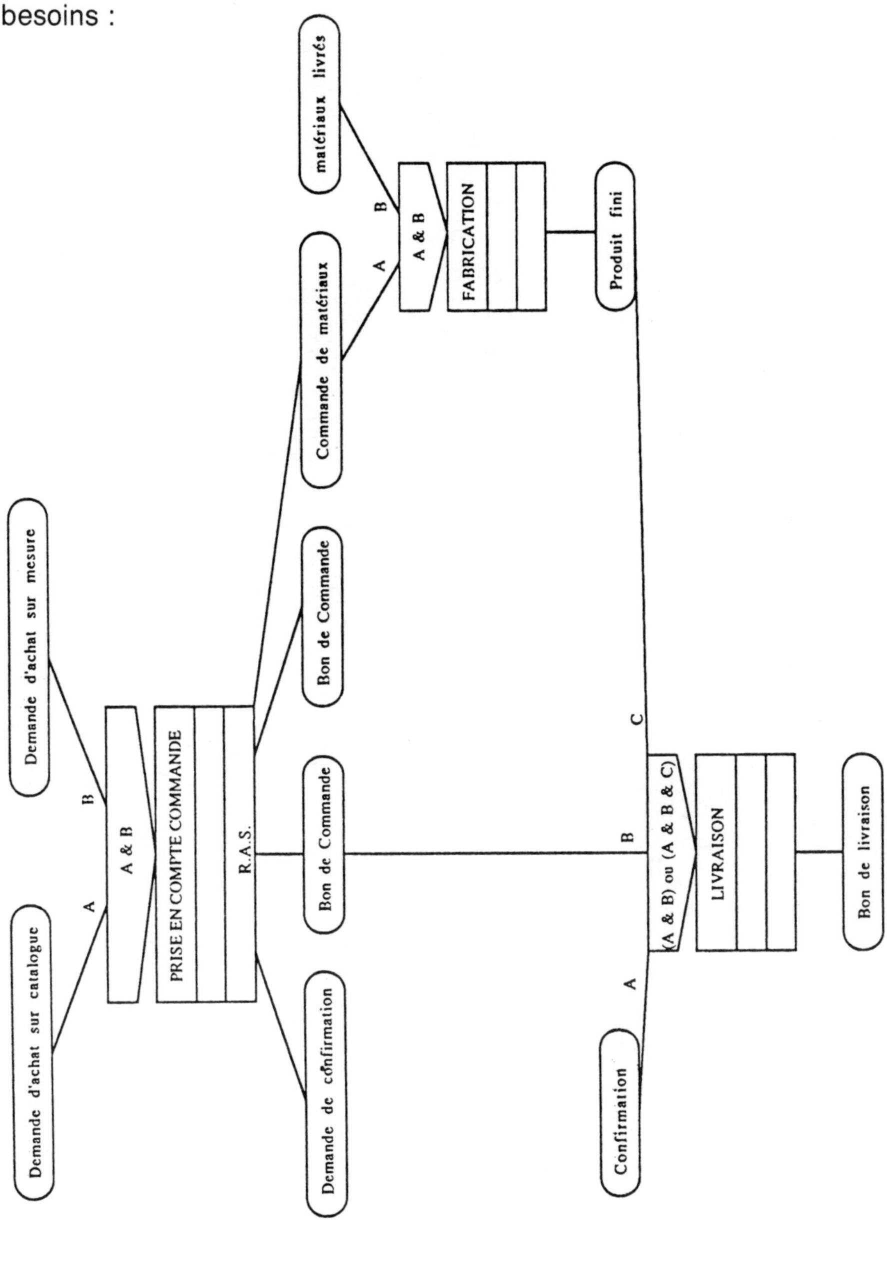

Schéma IX.5 — "**MCT de MOBIPLUS après prise en compte des nouveaux besoins**"

Nous avons été obligés de rajouter l'opération FABRICATION pour prendre en compte les souhaits de la direction.

CHAPITRE X

LE MODELE ORGANISATIONNEL DES TRAITEMENTS (MOT)

X.1 Présentation

X.1.1 Introduction

Le Modèle Organisationnel des Traitements (MOT) permet de reprendre et de préciser l'ensemble des concepts décrits dans le Modèle Conceptuel des Traitements (MCT). Ainsi, après avoir répondu à la question "QUOI ?" lors du MCT, il faut maintenant répondre aux questions "QUI ?", "QUAND ?", et "COMMENT ?". Le MOT se situe au niveau organisationnel, il va donc falloir décrire comment les procédures de traitements sont réalisées au sein de l'entreprise.

Le MOT permet de préciser qui réalise les procédures de traitement, quand celles-ci sont effectuées et comment elles le sont.

La construction du MOT s'appuie sur les règles d'organisation mises en évidence au niveau logique/organisationnel.

X.1.2 Situation par rapport aux six étapes de MERISE

Le Modèle Organisationnel des Traitements est réalisé lors de l'étude préalable et de l'étude détaillée. Une première ébauche est effectuée lors de l'étude préalable. Celle-ci est ensuite affinée lors de l'étude détaillée.

Nous avons le schéma suivant :

	SCHEMA DIRECTEUR
60 %	ETUDE PREALABLE
100 %	ETUDE DETAILLEE (Conception fonctionnelle)
100 %	ETUDE DETAILLEE (Conception technique)

Schéma X.1 — **"Situation du MOT par rapport aux étapes de MERISE"**

Le Modèle Organisationnel des Traitements est réalisé à :

lors de l'étude préalable pour environ 60 % de précision
lors de l'étude détaillée pour 100 % de précision

X.1.3 Les intervenants

Le MOT est généralement réalisé par la même équipe que celle du MCT. Ce modèle venant dans le droit chemin du MCT, il semble normal que les personnes ayant travaillé sur le MCT participent à l'élaboration du MOT.

Notons également l'importance du comité des utilisateurs pour la réalisation du MOT. Leur vision de l'organisation existante et à venir est indispensable pour l'élaboration du MOT.

X.2 Définition des concepts manipulés

Les deux notions nouvelles introduites au niveau du MOT par rapport au MCT sont celles de PROCEDURE (regroupement de tâches) et de POSTE DE TRAVAIL.

X.2.1 La Procédure

Définition

Une procédure est un ensemble de tâches exécutées par un même poste de travail, de façon ininterruptible et avec le même type de traitement.

Une procédure doit respecter la règle des trois unités :

- TEMPS : même période de déroulement
- LIEU : même poste de travail
- ACTION : même nature de travail

Au niveau logique/organisationnel, la notion de procédure est assez proche de celle d'opération au niveau conceptuel.

EXEMPLE

L'impression des feuilles de paie d'une entreprise constitue une procédure : l'impression est exécutée de façon interruptible par un même poste de travail informatique et le traitement est entièrement automatisé.

ATTRIBUTS

Une procédure est caractérisée par l'ensemble des attributs suivants :

- un CODE, un LIBELLE et un COMMENTAIRE qui permettent de dénommer, de décrire et de commenter la procédure.
- son TYPE DE TRAITEMENT : les trois types de traitements classiques sont les suivants :
  - traitement MANUEL : la procédure est réalisée par l'homme sans utilisation de ressources informatiques. L'ouverture du courrier dans une entreprise en est un exemple.
  - traitement AUTOMATISE CONVERSATIONNEL : il s'agit de procédures réalisées sur ordinateur, mais avec intervention de l'homme. La réservation de places à la SNCF en est un exemple.
  - traitement AUTOMATISE : il s'agit de procédures qui, une fois lancées, se déroulent sans aucune intervention humaine. L'impression des feuilles de paie dans une grande entreprise en est un exemple.

Nous avons le schéma suivant pour le passage des opérations aux procédures :

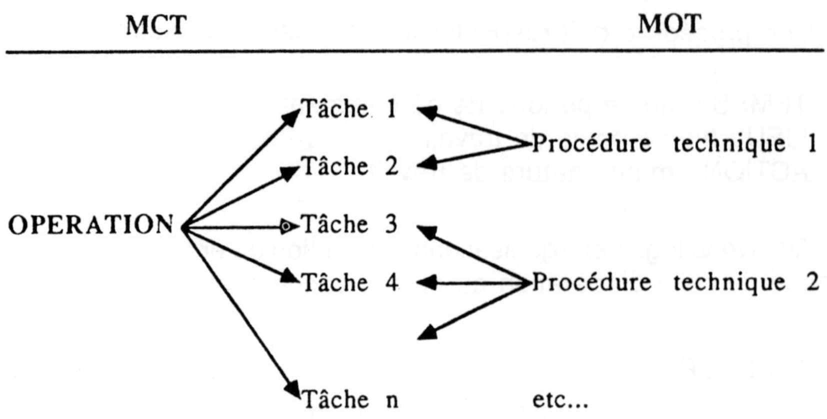

Schéma X.2 — **"Passage des opérations aux procédures"**

Ce schéma signifie que les taches de l'opération étudiée au sein du MCT sont regroupées au niveau du MOT en procédures respectant la règle des trois unités.

LIENS

Chaque procédure étant réalisée par un poste de travail particulier du SI, il convient de mettre en évidence pour chaque procédure le poste de travail qui la réalise.

FORMALISME GRAPHIQUE

Du point de vue graphique, la procédure peut être représentée soit comme une opération, soit par un cercle à l'intérieur duquel est inscrit son libellé.

Nous avons les deux schémas suivants au choix :

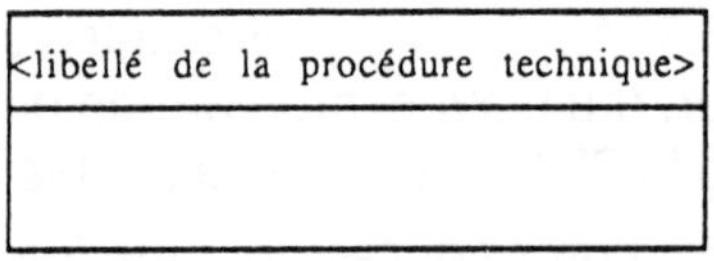

Schéma X.3 — **"1er type de formalisme graphique de la procédure"**

Schéma X.4 — **"2ème type de formalisme graphique de la procédure"**

ce qui donne par exemple :

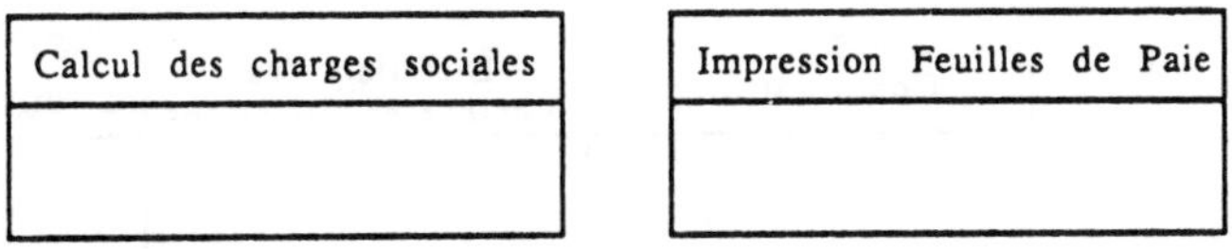

Schéma X.5 — "**Exemples de procédures**"

X.2.2 Le Poste de Travail

DEFINITION

Une poste de travail est un lieu où un ensemble de tâches de l'entreprise est exécuté.

EXEMPLES

Dans une entreprise existent presque toujours les postes de travail suivants : "Secrétariat Général", "Comptabilité", "Les stocks",...

ATTRIBUTS

Un poste de travail est caractérisé par l'ensemble des attributs suivants :

- un CODE, un LIBELLE et un COMMENTAIRE qui permettent de dénommer, de décrire et de commenter le poste de travail.
- un TYPE : Interne ou Externe.

FORMALISME GRAPHIQUE

Du point de vue graphique, un poste de travail est représenté par une colonne à l'intérieur de laquelle sont indiquées les procédures exécutées.

Nous avons le schéma suivant :

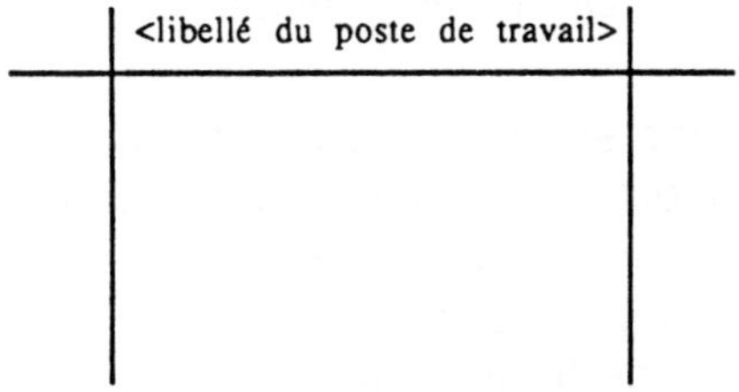

Schéma X.6 — "**Formalisme graphique du poste de travail**"

ce qui donne par exemple :

Comptabilité	Direction des Ressources Humaines

Schéma X.7 — "**Exemples de postes de travail**"

X.2.3 Remarque complémentaire

Suivant la démarche adoptée, il est souhaitable de décomposer les tâches en primitives de mise à jour ou de consultation lors de l'élaboration du MOT. Ce travail devra de toutes les façons être réalisé pour les vues externes et la validation ainsi que pour le Modèle Opérationnel des Traitements (MOpT).

X.3 Construction du modèle

X.3.1 Mécanisme de construction du modèle

La construction du Modèle Organisationnel des Traitements se fait en plusieurs étapes :

Etudions par exemple la construction du MOT pour l'opération EDITION DES FEUILLES DE PAIE. Celle-ci est composée des tâches suivantes :

(T1) Sélection des salariés devant être payés
(T2) Calcul du nombre de points des salariés
(T3) Calcul des charges sociales
(T4) Calcul des notes de frais
(T5) Impression des feuilles de paie
(T6) Vérification manuelle des feuilles de paie

Le schéma suivant résume le passage du MCT au MOT :

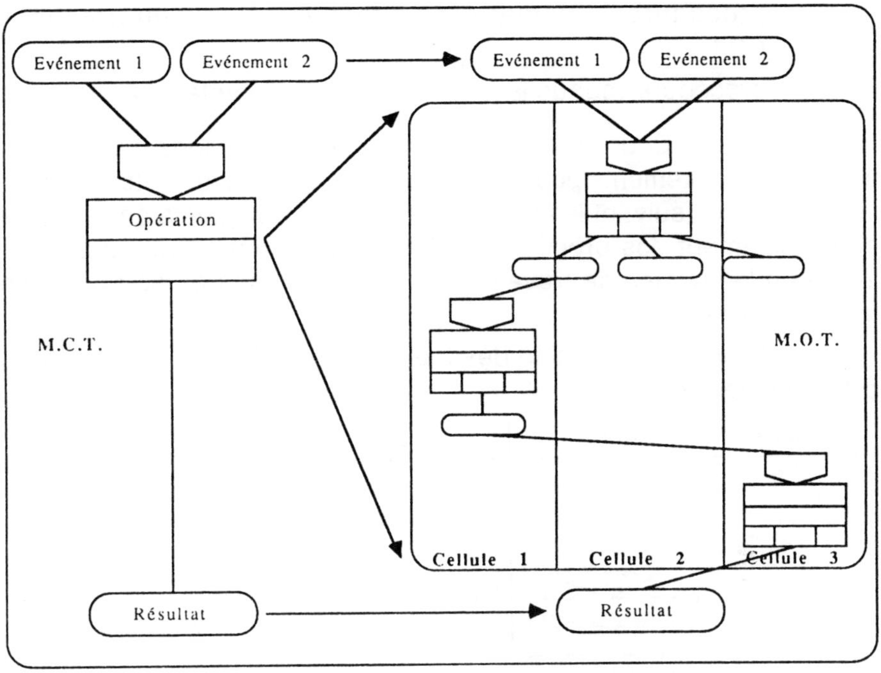

Schéma X.8 — "**Passage du MCT au MOT**"

La première étape consiste à regrouper les tâches de l'opération en procédures. Rappelons que chaque procédure doit respecter la règle des trois unités : lieu, temps, type de traitement.

Dans le cas de notre exemple, nous avons les procédures suivantes :

P1 : (T1) Sélection des salariés devant être payés

P2 : (T2) Calcul du nombre de points des salariés
(T3) Calcul des charges sociales
(T4) Calcul des notes de frais

P3 : (T5) Impression des feuilles de paie

P4 : (T6) Vérification manuelle des feuilles de paie

L'étape suivante consiste alors à indiquer pour chaque procédure son type de traitement et le poste de travail la réalisant.

Pour notre exemple, nous obtenons :

P1 : procédure manuelle effectuée par la DRH

P2 : procédure automatisée conversationnelle effectuée par la comptabilité

P3 : procédure automatisée effectuée par l'informatique centrale

P4 : procédure manuelle effectuée par la comptabilité

La troisième et dernière étape est le dessin du Modèle Organisationnel des Traitements pour l'opération concernée. Il faut alors répartir les procédures suivant les postes de travail et indiquer la chronologie de déroulement des procédures. Il est intéressant de regrouper sur le dessin les postes de travail internes au domaine et les postes de travail externes.

Pour l'opération "Edition des feuilles de paie", le schéma obtenu est finalement le suivant :

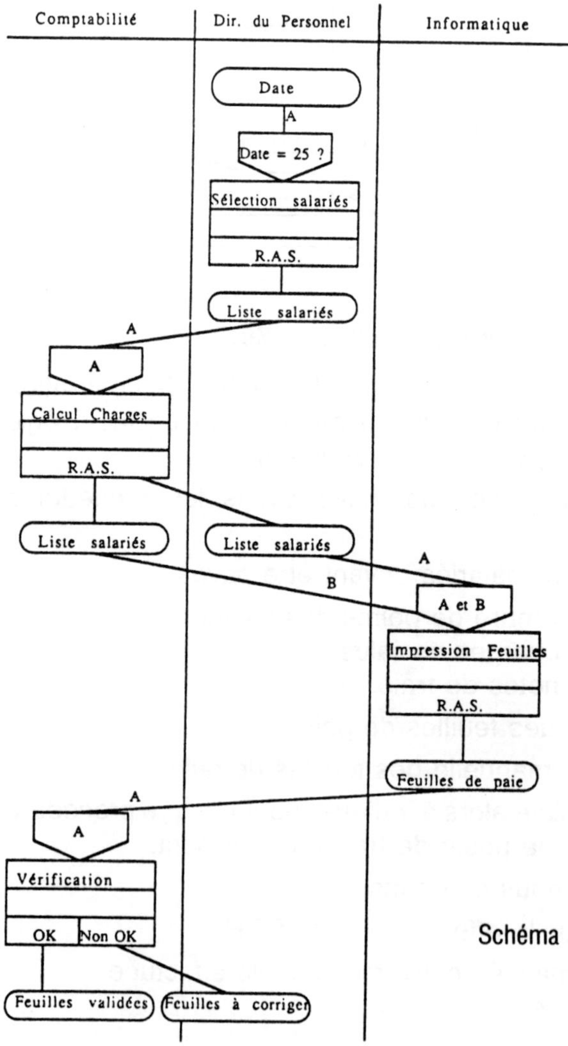

Schéma X.9 — **"Le MOT de l'opération Edition des feuilles de paie"**

X.3.2 Vérification du modèle

Peu de règles de vérification doivent être appliquées pour le Modèle Organisationnel des Traitements. Les règles suivantes sont néanmoins indispensables :

(R1) L'événement conceptuel déclencheur de l'opération dans le MCT doit déclencher la première procédure du MOT.

(voir le schéma ci-dessous)

(R2) L'événement conceptuel résultat de l'opération dans le MCT doit être résultat de la dernière procédure du MOT.

Nous devons avoir le schéma suivant :

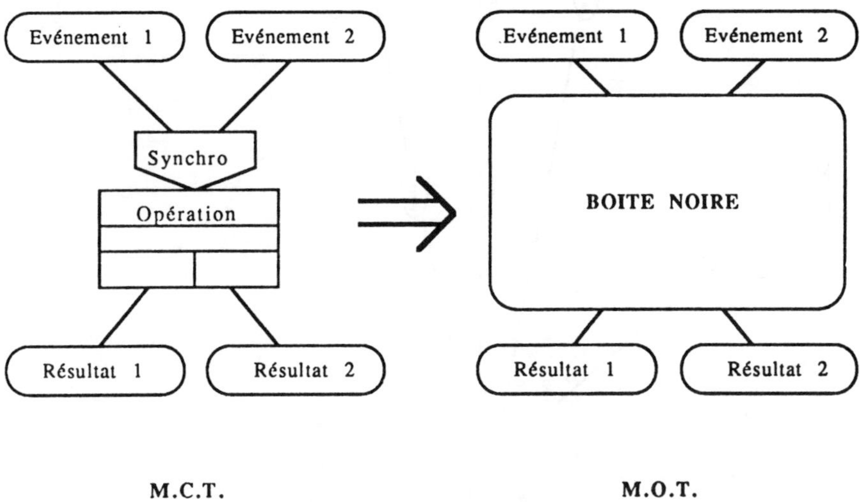

Schéma X.10 — "**Positionnement des événements déclencheurs et résultats de l'opération au niveau du MOT**"

Il est clair que le MOT doit vérifier les règles de dynamique énoncées pour le MCT relatives aux situations conflictuelles, aux questions de cycles et aux problèmes d'atteignabilité des différents états.

X.4 Exemple de modèle : le cas ICF

Voir la construction du MOT au paragraphe précédent.

X.5 Le méta-modèle

Le méta-modèle du Modèle Organisationnel des Traitements reprend l'ensemble des concepts et règles décrits ci-dessus :

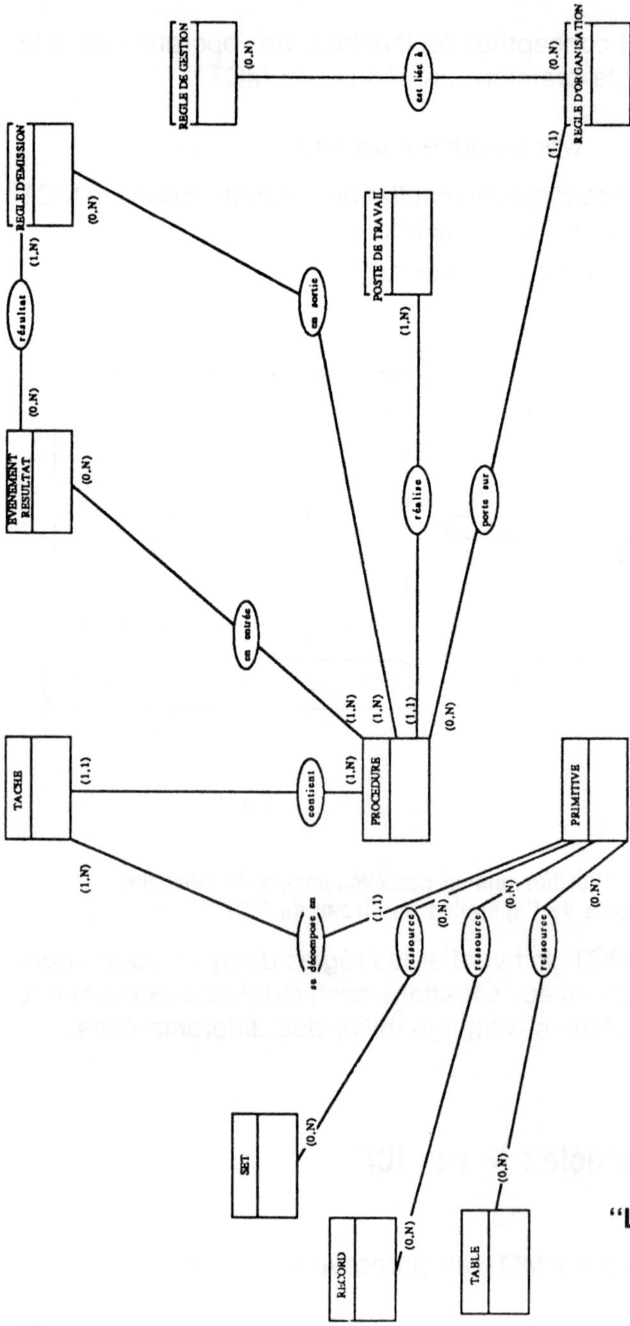

Schéma X.11 —
"Le méta-modèle du MOT"

Ce méta-modèle indique que :

- les tâches sont regroupées en procédures.
- une procédure est activée par un ensemble d'événements via une synchronisation.
- une procédure a un ensemble de règles d'émission en sortie.
- une procédure est réalisée par un poste de travail.
- une tâche se décompose en primitives de mise à jour et de consultation.
- etc...

CHAPITRE XI

LES VUES EXTERNES ET LA VALIDATION

XI.1 Les vues externes

XI.1.1 Présentation

INTRODUCTION

La vue externe est la vision que l'utilisateur a des données à travers la procédure.

C'est en quelque sorte le MCD qui n'aurait été construit que dans l'optique d'un seul traitement.

La vue externe est construite en utilisant les mêmes concepts, le même formalisme que le MCD.

Son intérêt principal est de permettre la validation du MCD, c'est-à-dire mettre en accord les données (vision statique) et les traitements (vision dynamique).

Les vues externes se situent typiquement au niveau organisationnel, c'est-à-dire au deuxième niveau du cycle d'abstraction du SI.

SITUATION PAR RAPPORT AUX SIX ETAPES DE MERISE

Nous avons le schéma suivant :

SCHEMA DIRECTEUR
ETUDE PREALABLE
100 % ETUDE DETAILLEE (Conception fonctionnelle)
100 % ETUDE DETAILLEE (Conception technique)

Schéma XI.1 — **"Situation des vues externes par rapport aux étapes"**

Les vues externes sont réalisées :

lors de l'étude détaillée pour 100 % de précision

LES INTERVENANTS

Les concepteurs des vues externes sont habituellement les mêmes que ceux du MCT et du MOT.

La remarque faite ci-avant reste valable : il est important que l'équipe qui conçoit les vues externes soit différente de celle qui travaille sur le MCD. Ainsi, deux points de vue réellement complémentaires pourront être confrontés lors de la validation.

XI.1.2 Définition des concepts manipulés

Les concepts manipulés dans les vues externes sont, rappelons-le, les mêmes que pour le MCD.

XI.1.3 Construction des vues externes

MECANISME DE CONSTRUCTION

Le mécanisme de construction des vues externes est le point le plus important de ce chapitre.

Faisons tout d'abord une remarque préliminaire : on ne réalisera pas une seule vue externe mais un certain nombre.

En fait, il faut réaliser une vue externe

- pour chaque procédure automatisée conversationnelle ou simplement automatisée,
- et pour chacune des primitives de "consultation" ou de "mise à jour" de la procédure.

L'intérêt qu'il y a à séparer les primitives de consultation des primitives de mise à jour sera mis en évidence lors de la validation. Il faudra alors s'assurer que le MCD brut permet bien d'accéder aux données nécessaires pour le bon déroulement des tâches.

Comme nous le voyons ici, les vues externes concernent généralement peu de primitives, et donc généralement un nombre relativement restreint de propriétés.

Pour illustrer la construction des vues externes, prenons l'exemple de la procédure technique P2 étudiée ci-avant dans le MCT du processus d'édition des feuilles de paie. Rappelons que cette procédure est automatisée conversationnelle et que ses tâches sont les suivantes :

P2 : (T2) Calcul du nombre de points des salariés
(T3) Calcul des charges sociales
(T4) Calcul des notes de frais

La première étape est la décomposition des tâches de la procédure en primitives de consultation et de mise à jour pour savoir combien de vues externes sont à construire.

Pour la procédure technique ici étudiée, nous avons trois primitives de consultation correspondant à chacune des tâches et il faut construire trois vues externes. Choisissons la vue correspondant à la primitive de la tâche (T4) : Calcul des notes de frais.

Une fois défini l'ensemble des vues externes à réaliser pour la procédure technique, il faut s'attacher, dans un deuxième temps, à documenter les propriétés des individus et des relations définis. Il est important à ce niveau de s'attacher à reprendre les propriétés déjà présentes dans le dictionnaire. Si par exemple la propriété "numéro de Sécurité Sociale du salarié" existe, il faut l'importer depuis le dictionnaire au lieu de créer une nouvelle propriété "numéro de SS de l'employé" sans se soucier des propriétés déjà stockées dans le dictionnaire.

Pour notre exemple, les propriétés nécessaires au calcul des notes de frais sont les suivantes :

- numéro de SS du salarié
- codes et dates de chacune des notes de frais
- montant de chaque note de frais

La troisième étape consiste alors à construire un petit MCD représentant les données manipulées dans la vue externe.

Pour notre exemple, la vue externe finalement obtenue est la suivante :

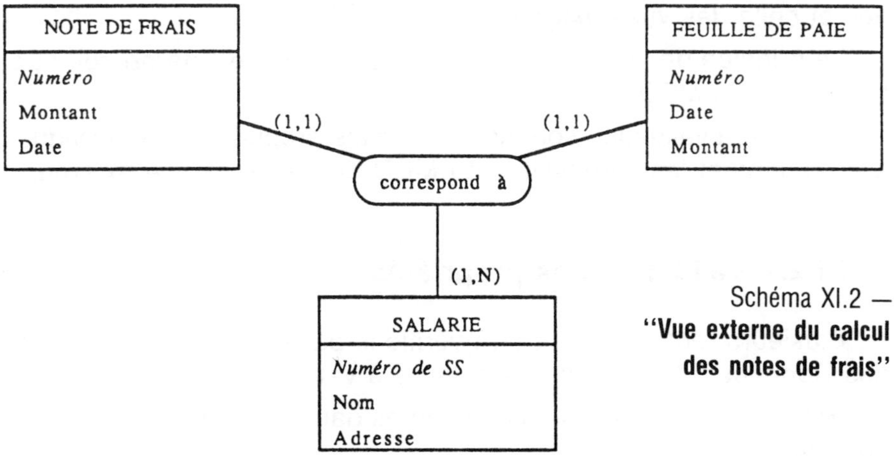

Schéma XI.2 — **"Vue externe du calcul des notes de frais"**

VERIFICATION DES VUES EXTERNES

Les règles de vérification du MCD s'appliquent aux vues externes.

Nous pouvons néanmoins noter deux règles de vérification spécifiques aux vues externes :

(R1) Les propriétés présentes dans la vue externe doivent appartenir au MCD.

(R2) Toute propriété indiquée dans la vue externe ne servant ni à un chargement ni à une identification est superflue : elle doit être supprimée de la vue externe.

XI.1.4 Exemple de modèle : le cas ICF

Voir la vue externe au paragraphe précédent.

XI.1.5 Le méta-modèle

Le méta-modèle des vues externes est le même que celui du MCD.

XI.2 La Validation

XI.2.1 Introduction

La confrontation du MCD brut et des vues externes va permettre de réaliser une double validation : celle du MCD brut par les vues externes et celle des vues externes par le MCD brut.

Le principe de la validation est que chaque vue externe doit être déductible du MCD.

Lors de la validation sont confrontés les propriétés, les individus, les relations et les cardinalités du MCD brut et de la vue externe.

XI.2.2 Validation des propriétés

Plusieurs règles doivent être vérifiées par le Modèle Conceptuel des Données (MCD) et la vue externe à valider :

(R1) Toutes les propriétés présentes dans la vue externe doivent appartenir au MCD.

Si ce n'est pas le cas, il faut remanier le MCD et créer au besoin de nouveaux individus ou de nouvelles propriétés pour que la vue externe soit réellement déductible du MCD.

(R2) Les critères d'accès aux propriétés doivent être les mêmes dans le MCD et la vue externe.

Dans le cas où la vue externe correspond à une fonction de mise à jour, il faut s'assurer que les critères d'accès à la propriété sont bien les mêmes dans le MCD et la vue externe.

En effet, il peut arriver qu'avant la validation le même individu ait un identifiant différent dans le MCD et la vue externe.

Un autre cas est celui d'une propriété portée par une relation : il faudra alors renseigner les identifiants des individus rattachés à la relation pour accéder à la propriété. Il peut alors arriver que la même relation soit reliée à des individus différents dans le MCD et la vue externe.

XI.2.3 Validation des individus

Un individu dans une vue externe est valide si l'ensemble des propriétés le sont, c'est-à-dire :

- si aucune propriété n'est superflue
- si chaque propriété correspond à une propriété du MCD
- si les accès aux propriétés sont les mêmes dans le MCD et la vue externe.

Si l'individu n'est pas valide, il faut remanier la vue externe et le MCD.

XI.2.4 Validation des relations

Une relation non porteuse de propriétés dans une vue externe est valide si les individus qu'elle relie le sont. Dans le cas où la relation est porteuse de propriétés, il faut en plus que chacune de ses propriétés soit valide.

XI.2.5 Validation des cardinalités externes

Les cardinalités d'une vue externe doivent être incluses dans ou identiques à celles du MCD. Cependant, il est possible que des cardinalités soient équivalentes par transitivité, comme le montre le schéma ci-dessous :

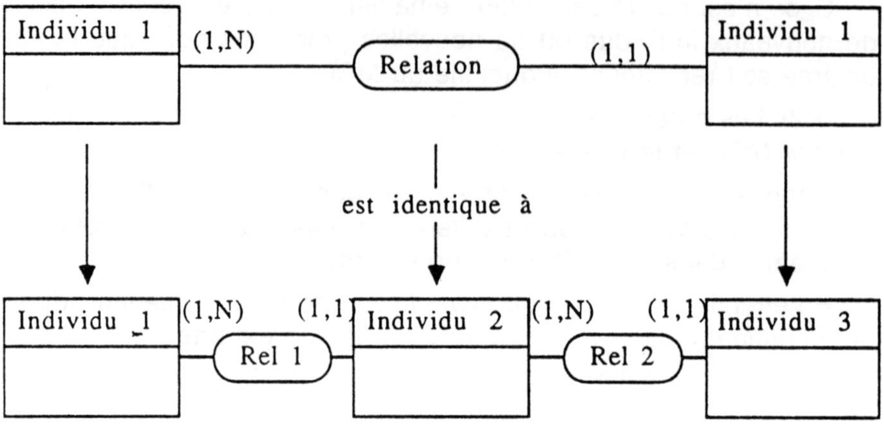

Schéma XI.3 — "**Exemple de cardinalités identiques entre deux visions du MCD**"

XI.3 Exemples de validation

XI.3.1 Validation du cas ICF

Afin d'étudier le mécanisme de validation des vues externes et du MCD brut, reprenons la vue externe construite précédemment et étudions le mécanisme de validation.

La vue externe construite était la suivante :

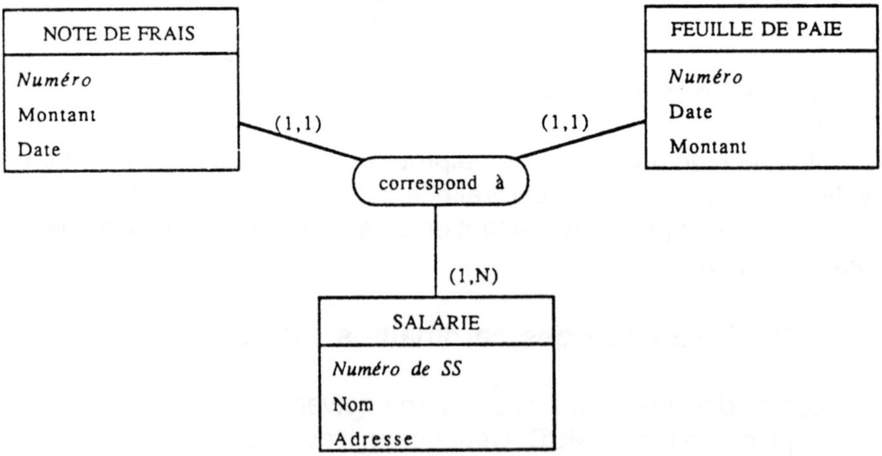

Schéma XI.4 — "**Vue externe de la procédure du calcul des notes de frais**"

Le MCD brut auquel nous comparons la vue externe est celui obtenu dans le chapitre IX après prise en compte des besoins et des nouvelles orientations. Nous le reproduisons ci-après :

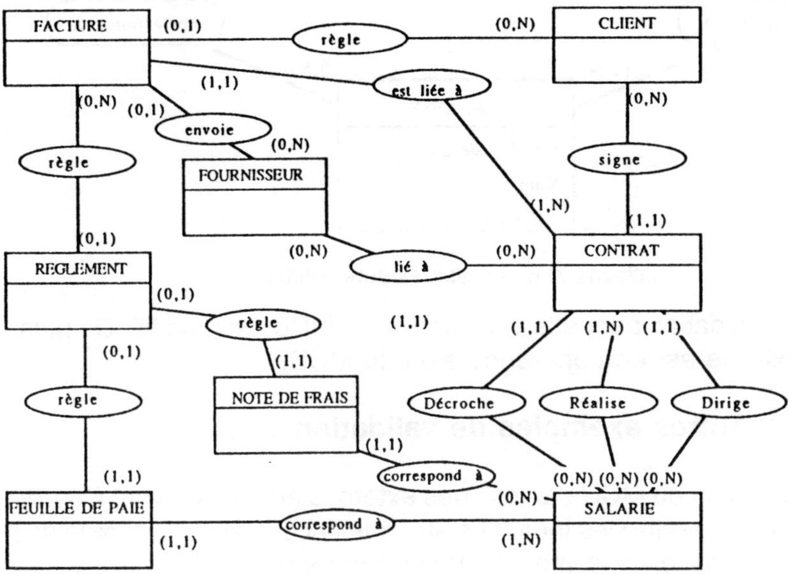

MODELE CONCEPTUEL DES DONNEES BRUT APRES PRISE EN COMPTE DES NOUVELLES ORIENTATIONS
INTERNATIONAL COMPURETING FRANCE

Schéma XI.5 — **"MCD du cas ICF après prise en compte des nouveaux besoins"**

Nous remarquons tout d'abord que l'individu "Salarié" est identifié par son nom et son prénom dans le MCD brut et par son numéro de Sécurité Sociale dans la vue externe. Nous devons alors modifier le MCD et mettre le numéro de Sécurité Sociale comme identifiant de l'individu salarié.

De plus, le traitement des feuilles de paie dans la vue externe oblige à les rattacher aux feuilles de paie, ce qui n'est pas le cas dans la réalité. Nous devons donc rompre la relation ternaire en deux relations binaires.

La vue externe finalement obtenue et validée est la suivante :

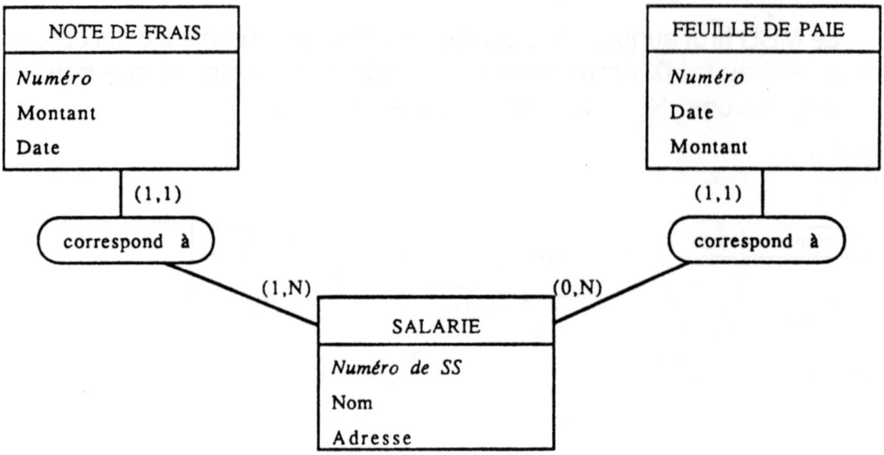

Schéma XI.6 — **"Vue externe validée"**

Après validation par cette vue externe, le MCD est modifié. De plus, la vue externe est en cohérence avec le MCD.

XI.3.2 Autres exemples de validation

La validation du MCD par les vues externes amène souvent à modifier les relations entre les individus afin que l'accès aux propriétés des individus se fasse de la même manière dans les deux modèles.

Imaginons, par exemple, dans une compagnie d'assurance les deux individus CLIENT et CONTRAT mis en relation par la relation EST LIE A. Cette relation est porteuse de la propriété DATE.

La vue externe fait, elle, apparaître l'individu DATE qui est lié par une relation ternaire aux individus CLIENT et CONTRAT. Cette représentation permet de gérer l'historique du client. Nous devons alors modifier le MCD pour créer l'individu DATE et la relation ternaire.

Nous voyons ici comment les traitements obligent à modifier le MCD.

Imaginons, dans un autre exemple, un MCD mettant en évidence la décomposition d'une USINE et SERVICES avec une relation de type père-fils.

Si la vue externe fait apparaître une décomposition de l'USINE en CELLULES, puis en SERVICES avec des relations de type père-fils, nous allons être obligés de modifier le MCD.

Deux solutions s'offrent à nous :

- soit nous créons une relation réflexive sur l'individu SERVICE qui permette de le décomposer.
- soit nous rajoutons l'individu CELLULE dans le MCD.

CHAPITRE XII

LE MODELE LOGIQUE DES DONNEES (MLD) CAS DU RELATIONNEL ET DU CODASYL

XII.1 Présentation

XII.1.1 Introduction

Le Modèle Logique des Données (MLD) se situe entre le Modèle Conceptuel (MCD) et le Modèle Physique des Données (MLD). Il représente l'univers des données décrit dans le MCD en tenant compte du type de base de données choisi : relationnel ou navigationnel (réseau, hiérarchique). Autrement dit, le MLD traduit le MCD en un formalisme machinable, c'est-à-dire compréhensible par la machine.

Seuls les modèles de données relationnelles et réseau (CODASYL) ont été ici étudiés.

Après génération du Modèle Logique des Données brut, il s'agit de l'optimiser afin d'améliorer les temps de réponse et/ou le stockage des données. Le problème de l'optimisation est étudié ci-après pour les deux types de base de données retenus.

XII.1.2 Situation par rapport aux six étapes de MERISE

Le Modèle Logique des Données (MLD) est réalisé lors de l'étude détaillée après validation du Modèle Conceptuel des Données (MCD) par les vues externes.

Nous avons le schéma suivant :

SCHEMA DIRECTEUR
ETUDE PREALABLE
100 % ETUDE DETAILLEE (Conception fonctionnelle)
100 % ETUDE DETAILLEE (Conception technique)

Schéma XII.1 — "**Situation du MLD par rapport aux étapes de MERISE**"

Le Modèle Logique des Données (MLD) est réalisé :
lors de l'étude détaillée pour 100 % de précision

XII.1.3 Les intervenants

Le Modèle Logique des Données sera réalisé de préférence par les concepteurs qui ont réalisé le MCD.

XII.2 Le Problème de l'optimisation du MLD

Après avoir généré le Modèle Logique des Données (MLD) dans le formalisme correspondant au type de modèle de base de données choisi, il faudra l'optimiser.

L'optimisation consiste en fait à rechercher le compromis le plus judicieux entre l'optimisation de la taille des fichiers et l'optimisation des temps de réponse des applications.

Prenons l'exemple de deux fichiers CLIENT et FACTURE. Le client est identifié par son CODE et possède une adresse et un numéro de téléphone. La commande est identifiée par son NUMERO et possède une valeur TTC.

Etudions alors le traitement qui consiste à relancer les factures impayées. Pour réaliser ce traitement, il faut :

- parcourir tous les jours la liste des factures,

- trouver celles qui n'ont pas été payées depuis un mois,
- rechercher l'adresse du client qui a passé la commande dans le fichier CLIENT,
- envoyer une lettre au client concerné.

Pour optimiser la durée de réalisation du traitement, une solution serait de créer une redondance de champ en dupliquant le champ "adresse du client" dans le fichier facture. Nous connaîtrions ainsi directement pour chaque facture l'adresse du client qui lui correspond. Le traitement se réaliserait beaucoup plus vite.

Le problème qui se pose alors est la gestion de ces redondances de champ. En effet, lorsqu'un client change d'adresse, il faut modifier son adresse dans le fichier client ainsi que dans chacun des enregistrements de facture qui lui correspond.

De plus, chaque enregistrement de facture comporte un champ supplémentaire, l'adresse du client. Le fichier devient plus gros et plus lourd à gérer.

En définitive, le problème d'optimisation du modèle logique doit tenir compte des deux contraintes opposées : l'optimisation de la taille des fichiers et celle des temps de réponse.

XII.3 CAS DU RELATIONNEL

XII.3.1 Définition des concepts manipulés

LE DOMAINE

Définition :

Un domaine est un ensemble fini ou infini de valeurs.

Un domaine n'a pas d'attribut particulier à l'exception de son nom.

Exemple :

L'ensemble des numéros de Sécurité Sociale des salariés d'ICF constitue un domaine.

De même, le domaine des noms des salariés d'une entreprise est l'ensemble de tous les noms des salariés de l'entreprise.

Formalisme graphique :

Du point de vue graphique, un domaine est habituellement représenté sous forme d'un tableau.

Nous avons par exemple :

2 62 06 75 117 198
1 56 06 75 108 004
etc...

Schéma XII.2 — "**Exemple de domaine au sens relationnel**"

LA RELATION (OU TABLE RELATIONNELLE)

Définition :

Concrètement, une relation est un tableau à plusieurs colonnes concernant chacune un domaine de valeurs.

Mathématiquement, une relation est un sous-ensemble du produit cartésien de plusieurs domaines.

Une relation est désignée par son nom.

On appelle degré de la relation le nombre de domaines participant à la relation. On parlera ainsi de relation de degré n.

Une relation a une clef lorsqu'il est possible d'identifier chacune de ses lignes (encore appelées t-uples) de façon unique à partir de la connaissance de certains des attributs de la ligne. Cette notion est étudiée plus à fond ci-après.

Pour éviter toute confusion avec la relation au sens de Merise, la relation au sens relationnel sera appelée dorénavant table relationnelle ou table.

Exemple :

Un exemple de relation est la relation "salarié" constituée du numéro de sécurité sociale, du nom et du prénom des salariés de l'entreprise. De plus, il est clair que le numéro de sécurité sociale des salariés constitue une clef de cette relation.

Formalisme graphique :

D'un point de vue graphique, une relation est représentée comme un tableau à plusieurs colonnes.

Nous avons le formalisme suivant :

2 62 06 75 117 198	DUPONT	Albert
1 56 06 75 108 004	DURAND	René
etc...	etc...	etc...

Schéma XII.3 — "**Une représentation des relations**"

Une autre représentation est la suivante :

(2 62 06 75 117 198,DUPONT, Albert)

(1 56 06 75 108 004,DURAND,René)

Schéma XII.4 — "**Une autre représentation des relations**"

L'ATTRIBUT

Définition :

Chaque domaine participant à une relation a un nom qui est appelé attribut de la relation..

Exemple :

La relation "salarié" présentée ci-avant a les attributs numéro de Sécurité Sociale du salarié, nom du salarié et prénom du salarié.

Formalisme graphique :

Les attributs de la relation sont généralement représentés en tête de chacune des colonnes de la relation.

Nous avons par exemple :

N° de SS	NOM	PRENOM
2 62 06 75 117 198	DUPONT	Albert
1 56 06 75 108 004	DURAND	René
etc...	etc...	etc...

Schéma XII.5 — "**Exemple d'attributs de relation**"

LE SCHEMA DE RELATION

Définition :

Le schéma d'une relation est l'ensemble constitué du nom de la relation suivi du nom de chacun de ses attributs.

Exemple :

Nous aurons :

Salarié (N° de SS, Nom, Prénom)

Formalisme graphique :

Le schéma de relation n'est pas représenté graphiquement.

LA CLEF PRIMAIRE DE RELATION

Définition :

La clef primaire d'une relation est le sous-ensemble minimum de ses attributs permettant d'identifier chacune des lignes ou t-uples de la relation.

En conséquence de cette définition, la clef primaire d'une relation est unique lorsqu'elle existe.

Exemple :

Prenons le schéma de relation suivant :

Salarié (N° de SS, Nom, Prénom)

Le prénom de chacun des salariés n'est pas la clef primaire de la relation. En effet, deux salariés peuvent avoir le même prénom.

L'ensemble constitué du numéro de Sécurité Sociale et du nom de chacun des salariés n'est pas une clef primaire de la relation car il n'est pas minimum : le numéro de sécurité sociale suffit à lui seul à identifier chacun des tuples de la relation.

Finalement, la clef primaire de la relation présentée ci-dessus est simplement constituée du numéro de Sécurité Sociale de chacun des salariés.

Formalisme graphique :

Habituellement, la clef primaire de la relation est soulignée ou indiquée en italique.

LA CLEF ETRANGERE

Définition :

On appelle clé étrangère ou externe, une combinaison d'attributs ou un seul attribut qui est la clé primaire d'une autre relation ou table.

Exemple :

Soit les deux relations :

Client(N° client, nom, solde)

Commande(N° commande, libellé, N° client (*))

Formalisme graphique :

Habituellement, la clé étrangère est marquée d'une étoile ou d'un astérique dans le schéma.

LA DEPENDANCE FONCTIONNELLE

Définition :

On dit qu'un attribut Y dépend fonctionnellement d'un attribut ou d'un groupe d'attributs Y, si à une valeur de X correspond une et une seule valeur de Y.

Exemple :

L'attribut Nom du client est en dépendance fonctionnelle par rapport au Numéro du client. En effet, à un numéro de client, il n'y a qu'un seul nom de client associé.

L'attribut quantité commandée est en dépendance fonctionnelle par rapport au groupe d'attributs Numéro de commande et Numéro de produit.

XII.3.2 La normalisation du modèle de bases de données relationnelles

PRINCIPE ET UTILITE DE LA NORMALISATION

La normalisation consiste, à partir d'une relation dite universelle, à faire éclater celle-ci en plusieurs tables plus réduites grâce aux formes normales, qui sont basées sur les dépendances fonctionnelles et multivaluées entre attributs.

L'objectif de la normalisation est de limiter le nombre de redondances et les anomalies lors de la mise à jour de la base de données.

Les principes de la normalisation et de l'algèbre relationnelle ont été mis au point par E.F. CODD il y a plus d'une dizaine d'années à partir de ses travaux sur les modèles de données.

Cependant, c'est son ancien collègue de chez IBM et actuel partenaire Chris DATE qui a réussi à apporter la bonne parole du relationnel à l'industrie grâce à son talent de pédagogue.

LES FORMES NORMALES

Environ cinq formes normales ont été trouvées. Cependant, dans la mesure où seules les premières formes normales sont d'un intérêt pratique, nous ne nous intéresserons pas dans ce qui suit, aux quatrième et cinquième formes normales.

La 1re Forme Normale (1FN) :

Une entité ou table relationnelle est dite en première forme normale si chacun de ses attributs dépend fonctionnellement de la clé et est non répétitif pour une occurrence de celle-ci.

On a en fait le schéma suivant :

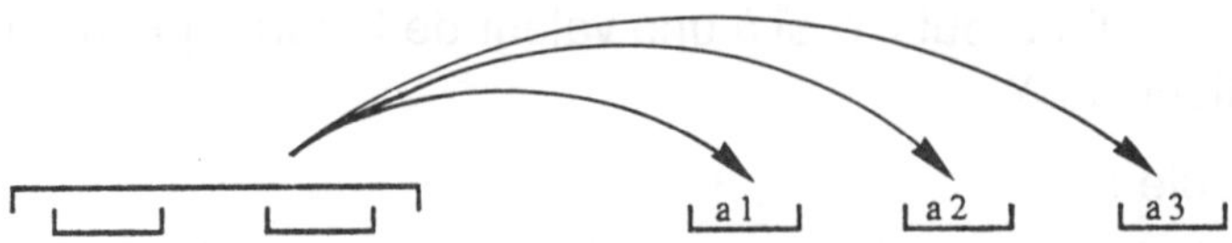

a1, a2, a3,... étant des valeurs de l'attribut a pour une valeur de la clef

Schéma XII.6 — "**Principe de la 1FN**"

Par exemple, l'entité ou table suivante n'est pas en 1FN :

PERE
Numéro de SS
Nom des enfants

ANOMALIE:
Le nom des enfants pour un père est répétitif, s'il a plusieurs enfants.

Schéma XII.7 — "**Exemple d'individu qui n'est pas en 1FN**"

La 2ᵉ Forme Normale (2FN) :

Une entité ou table relationnelle est dite en deuxième forme normale si chacun de ses attributs non clé dépend complètement de la clé (a priori concaténée).

On a en fait le schéma suivant :

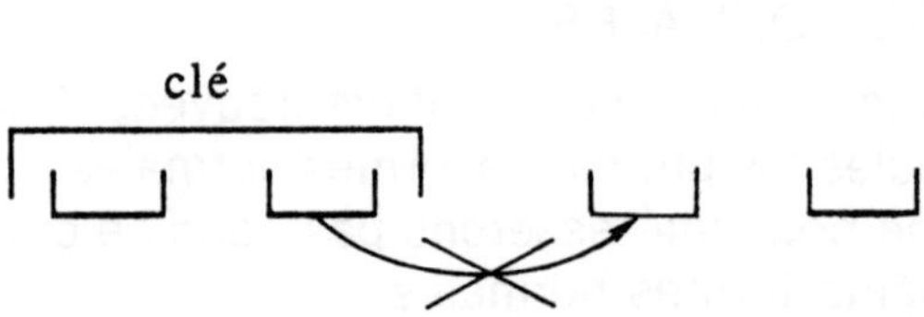

Schéma XII.8 — "**Principe de la 2FN**"

Par exemple, l'entité ou table suivante n'est pas en 2FN :

PRODUIT
Numéro de Produit
Numéro de Fournisseur
Nom du produit
Prix du produit
Nom du fournisseur

ANOMALIE:
Le nom du produit ne dépend que d'une partie de la clef (le numéro du produit).
Le nom du fournisseur ne dépend que d'une partie de la clef (le numéro du fournisseur).

Schéma XII.9 — **"Exemple d'individu qui n'est pas en 2FN"**

La 3e Forme Normale (3FN) :

Une entité ou table relationnelle est dite en troisième forme normale si elle est en deuxième forme normale et s'il n'y a pas de dépendance fonctionnelle, appelée dans ce cas dépendance transitive entre ses attributs non clé.

On a en fait le schéma suivant :

Pas de dépendance fonctionnelle entre des propriétés non clé

Schéma XII.10 — **"Principe de la 3FN"**

Par exemple, l'entité ou table suivante n'est pas en 3FN :

SALARIE
Numéro d'identification
Lieu de naissance
Nationalité
Date de naissance

ANOMALIE:
A un lieu de naissance (pays) correspond une nationalité déterminée.

Schéma XII.11 — **"Exemple d'individu qui n'est pas en 3FN"**

La Forme Normale de Boyce-Codd (BCFN) :

Une entité ou table relationnelle est dite en forme normale de Boyce-Codd si elle est en troisième forme normale et si elle ne contient pas de dépendances fonctionnelles autres que celles pour lesquelles un attribut clé détermine un attribut non clé.

Boyce et Codd ont en effet remarqué une anomalie dans la troisième forme normale : il peut encore exister des redondances dans des objets qui sont en 3FN.

On a en fait le schéma suivant :

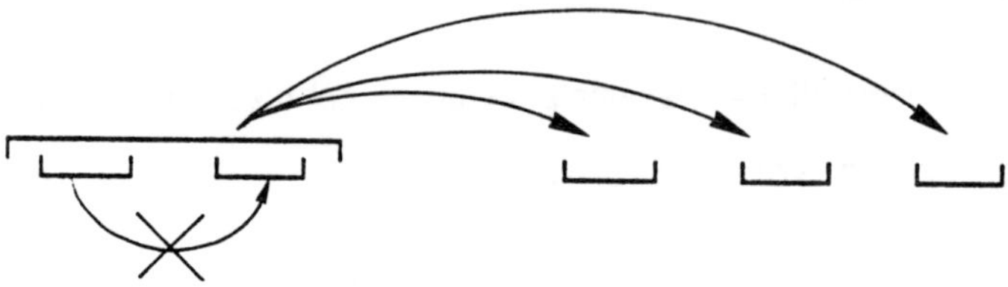

Principe de la BNCF

Schéma XII.12 — **"Principe de la BCFN"**

La BFCN amène à scinder les individus en deux. Prenons par exemple le cas suivant :

VILLE	RUE	CODE POSTAL
Paris	115, rue du Bac	75007
Paris	12, avenue de Wagram	75008
Soissons	20, rue Jean de la Fontaine	02200
Paris	8, avenue des Champs Elysées	75008
Paris	36, rue des Saints Pères	75007

Cette table a pour clé: Ville + Rue

L'ensemble des attributs de la relation est bien en 3FN, et il y a néanmoins des redondances: le code postal et la ville sont répétés à chaque fois, alors qu'il suffirait de dire que la ville correspondant au code postal 75007 est PARIS, celle correspondant au code postal 02200, SOISSONS, etc...

On a les dépendances fonctionnelles suivantes:
VILLE + RUE ==> CODE POSTAL
CODE POSTAL ==> VILLE

Schéma XII.13 — **"Exemple de table qui n'est pas en BCFN"**

Pour que la table soit en BCFN, nous devons la scinder en deux :

CODE POSTAL	RUE
75007	115, rue du Bac
75008	12, avenue de Wagram
02200	20, rue Jean de la Fontaine
75008	8, avenue des Champs Elysées
75007	36, rue des Saints Pères

Cette table a pour clé: Code Postal + Rue

CODE POSTAL	VILLE
75007	Paris
75008	Paris
02200	Soissons

Cette table a pour clé: Code Postal

Schéma XII.14 — "**La mise en BCFN**"

XII.3.3 Un exemple de normalisation

Soit la table suivante dont la clé est composée du numéro du produit et du numéro du fournisseur :

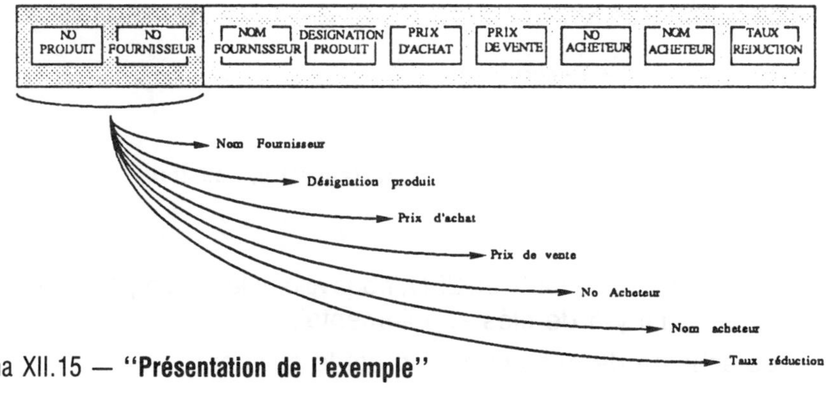

Schéma XII.15 — "**Présentation de l'exemple**"

Cette table est en 1FN car tous les attributs de la table dépendent fonctionnellement de la clé.

Nous constatons néanmoins plusieurs problèmes :

- Si l'on supprime le fournisseur unique d'un produit, on supprime toutes les références concernant ce produit (qu'on continue à vendre) ainsi que l'agent acheteur chargé du produit.
- On ne peut pas inscrire au catalogue un nouveau produit avant d'avoir décidé qui sera le fournisseur.
- En cas de changement de code d'un produit, on est obligé de balayer tout le fichier pour le mettre à jour (le numéro du fournisseur n'étant pas connu).

etc...

En fait, cette table n'est pas en 2FN car les attributs Désignation du Produit, Prix de Vente, Numéro de l'acheteur et Nom de l'acheteur ne dépendent fonctionnellement que d'une partie de la clé, le Numéro du Produit ainsi que le Nom du Fournisseur qui ne dépend que du Numéro du Fournisseur.

Nous avons le schéma suivant :

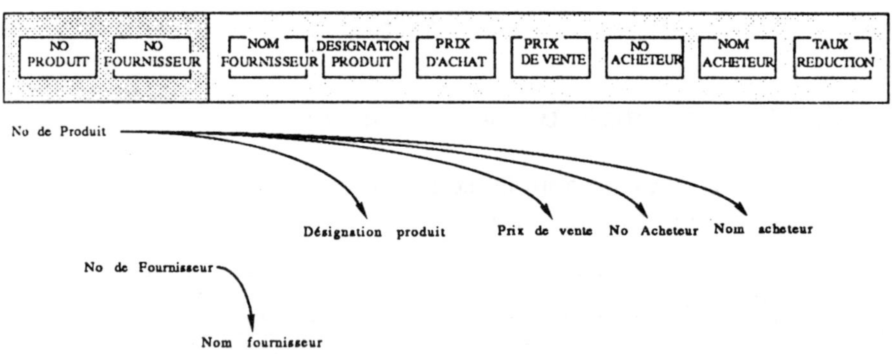

Schéma XII.16 — **"La table n'est pas en 2FN"**

Afin de passer la table en 2FN, nous allons la décomposer en autant de tables qu'il y a de clés supplémentaires.

Le schéma de décomposition est le suivant :

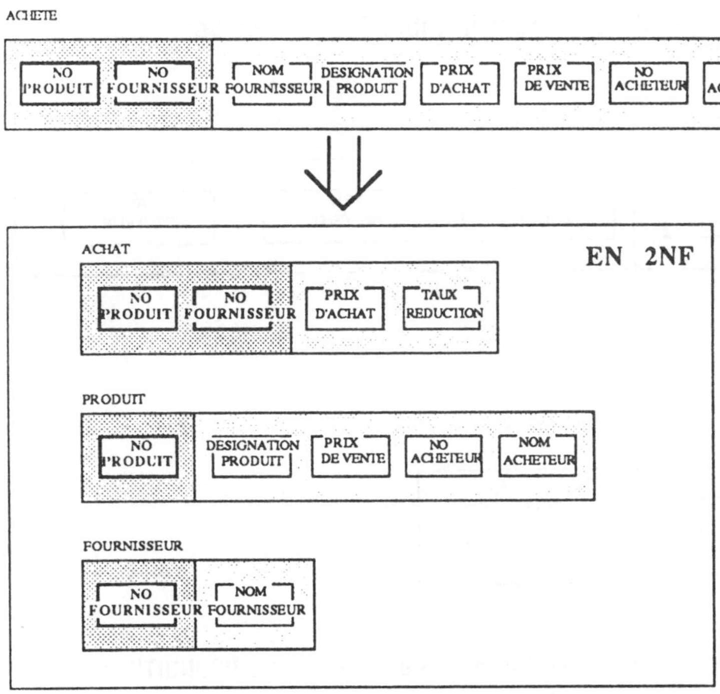

Schéma XII.17 — **"Passage de la table en 2FN"**

Mais nous rencontrons à nouveaux des problèmes :

- Si on supprime un produit, on supprime également les références relatives à l'agent acheteur, qui peut travailler cependant toujours au sein de l'entreprise.

etc...

La table n'est pas en 3FN :

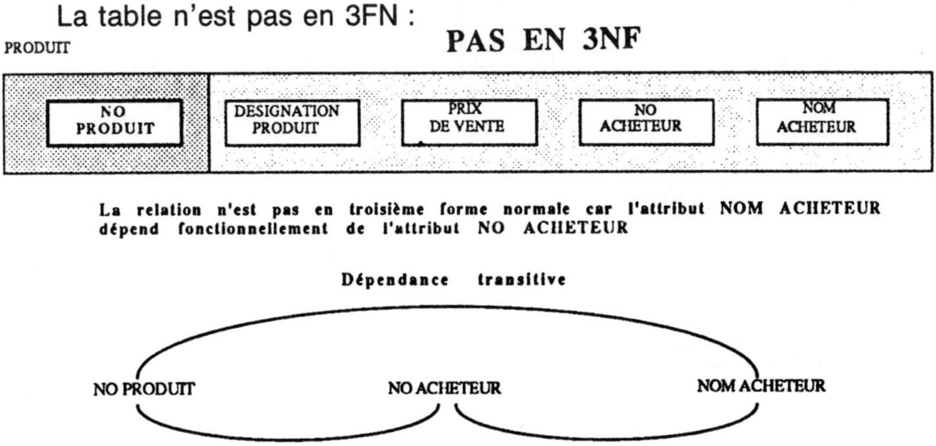

Schéma XII.18 — **"La table n'est pas en 3FN"**

Nous allons alors scinder la table Produit en deux tables :

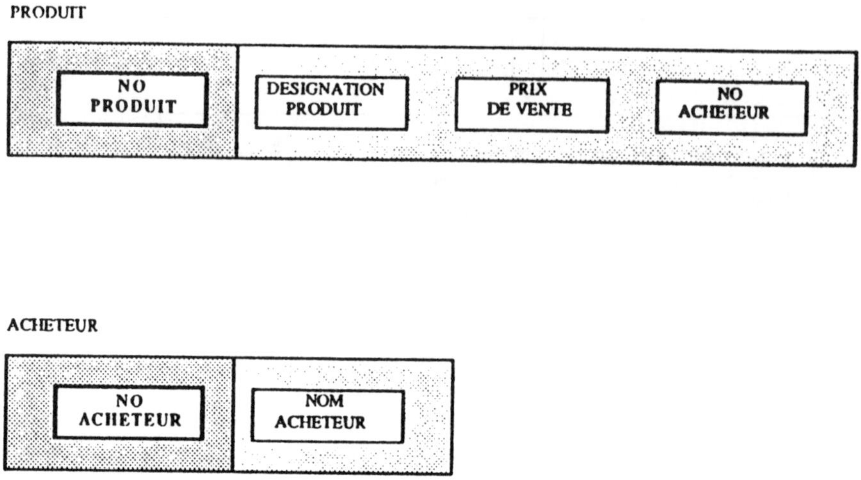

Schéma XII.19 — "**Décomposition de la table PRODUIT**"

En définitive, nous obtenons ces quatre tables en 3FN :

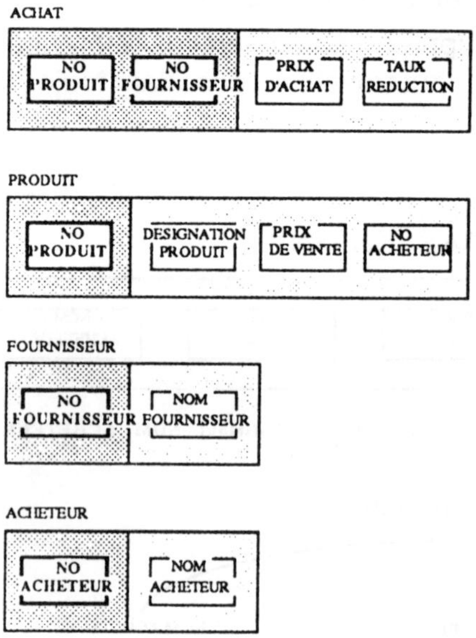

Schéma XII.20 — "**Les 4 tables finales en 3FN**"

XII.3.4 Règles de passage du MCD au MLD Relationnel

PASSAGE DU MCD AU MLD RELATIONNEL EN 3FN

Dans la mesure où le MCD a été conçu en respectant les cinq règles de vérification pour lesquelles le lecteur intéressé peut vérifier qu'elles sont équivalentes aux trois premières formes normales, le passage du MCD au MLD relationnel en 3FN est direct et peut se faire en suivant les principes suivants :

MCD		MLD en 3FN
Identifiant	devient	Clé
Propriété	devient	Attribut
Entité/Individu	devient	Table
Relation	devient	Table

Dans le cas où l'on veut passer du MCD au MLD en BCFN, les principes ci-dessus restent valables, il faudra cependant distinguer deux cas pour les relations du MCD :

MCD		MLD en BCFN
Relation sans card (1,1)	devient	Table
Relation avec card (1,1)	disparaît	

En effet, dans ce dernier cas, la relation du MCD disparaît. A la place, il y a duplication de l'identifiant de l'individu ayant la cardinalité (x,N) dans la table qui correspond à l'individu ayant la cardinalité (1,1).

Ceci dit, plus de détails vous seront fournis ci-après.

Mais, faisons deux remarques avant d'aller plus loin :

- Pour éviter toute confusion avec la relation du MCD merisien, la relation au sens relationnel sera toujours appelée table relationnelle dans ce chapitre traitant du passage du Modèle Conceptuel des Données (MCD) au Modèle Logique des Données (MLD)
- Seule la cardinalité (1,1) est considérée comme équivalente à la dépendance fonctionnelle en théorie relationnelle.

PASSAGE DU MCD AU MLD RELATIONNEL EN BCFN

Cas des relations binaires

1°) Cardinalités de type (1,1)-(x,N)

Nous sommes dans le cas suivant :

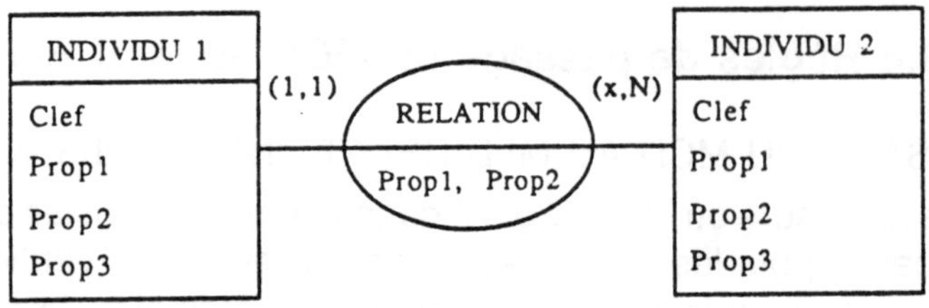

Schéma XII.21 — "**Cas d'une relation binaire (1,1)-(x,N)**"

Les règles de passage au MLD sont les suivantes :

(R1) Chacun des individus du MCD devient une table relationnelle du MLD.

(R2) L'identifiant des individus du MCD devient la clef des tables relationnelles du MLD générées par ces individus.

(R3) Les propriétés portées par les individus du MCD deviennent attributs des tables relationnelles du MLD générées par ces individus.

(R4) L'identifiant de l'individu qui a la cardinalité (x,N) devient un attribut, encore appelé clé étrangère, de la table relationnelle générée par l'individu ayant la cardinalité (1,1).

(R5) Si la relation liant les individus est porteuse de propriétés, celles-ci deviennent attributs de la table relationnelle générée par l'individu ayant la cardinalité (1,1).

(R6) La relation disparaît.

Nous avons finalement le schéma suivant :

INDIVIDU1(Clef.INDIVIDU1, Prop1.INDIVIDU1, Prop2.INDIVIDU1, Prop3.INDIVIDU1, Clef.INDIVIDU2*, Prop1.RELATION, Prop2.RELATION)

INDIVIDU2(Clef.INDIVIDU2, Prop1.INDIVIDU2, Prop2.INDIVIDU2, Prop3.INDIVIDU2)

Schéma XII.22 — "**Schéma relationnel généré dans le cas d'une relation binaire (1,1)-(x,N)**"

2°) Cardinalités de type (x,N)-(x,N)

Nous sommes dans le cas suivant :

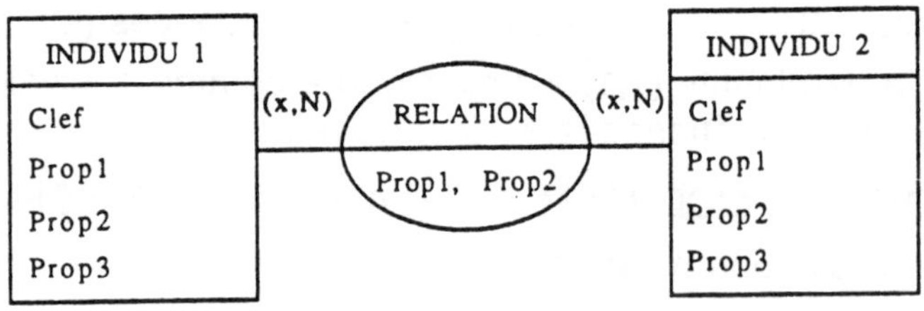

Schéma XII.23 — "**Cas d'une relation binaire (x,N)-(x,N)**"

Les règles de passage au MLD Relationnel sont les suivantes :

(R1) Chacun des individus du MCD devient une table relationnelle du MLD.

(R2) L'identifiant des individus du MCD devient la clef des tables relationnelles du MLD générés par ces individus.

(R3) Les propriétés portées par les individus du MCD deviennent attributs des tables relationnelles du MLD générées par ces individus.

(R4) La relation liant les individus du MCD devient une table relationnelle du MLD. Sa clef est constituée des identifiants des individus du MCD que la relation reliait au niveau du MCD.

(R5) Si la relation du MCD est porteuse de propriétés, ces propriétés deviennent des attributs de la table relationnelle du MLD générée.

Nous avons finalement le schéma suivant :

INDIVIDU1(Clef.INDIVIDU1,Prop1.INDIVIDU1,Prop2.INDIVIDU1,Prop3.INDIVIDU1)

INDIVIDU2(Clef.INDIVIDU2,Prop1.INDIVIDU2,Prop2.INDIVIDU2,Prop3.INDIVIDU2)

RELATION(Clef.INDIVIDU1,Clef.INDIVIDU2,Prop1.RELATION,Prop2.RELATION)

Schéma XII.24 — **"Schéma relationnel généré dans le cas d'une relation binaire (x,N)-(x,N)"**

Cas des relations n-aires

1°) Cardinalités de type (1,1)-(x,N)

Nous sommes par exemple dans le cas suivant :

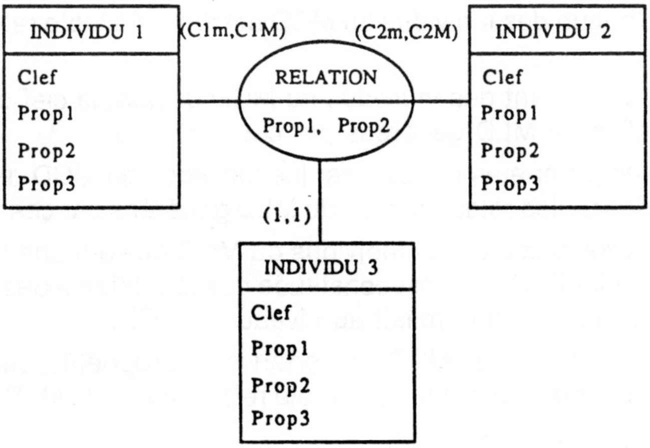

Schéma XII.25 — **"Cas d'une relation ternaire avec une cardinalité (1,1)"**

Les règles de passage au MLD Relationnel sont les suivantes :

(R1) Chacun des individus du MCD devient une table relationnelle du MLD.

(R2) L'identifiant des individus du MCD devient la clef des tables relationnelles du MLD générées par ces individus.

(R3) Les propriétés portées par les individus du MCD deviennent attributs des tables relationnelles du MLD générées par ces individus.

(R4) L'identifiant de l'individu qui a la cardinalité (x,N) devient un attribut, encore appelé clé étrangère, de la table relationnelle générée par l'individu ayant la cardinalité (1,1).

(R5) Si la relation liant les individus est porteuse de propriétés, celles-ci deviennent attributs de la table relationnelle générée par l'individu ayant la cardinalité (1,1).

(R6) La relation disparaît.

Nous avons finalement le schéma suivant :

INDIVIDU1(<u>Clef.INDIVIDU1</u>,Prop1.INDIVIDU1,Prop2.INDIVIDU1,Prop3.INDIVIDU1)

INDIVIDU2(<u>Clef.INDIVIDU2</u>,Prop1.INDIVIDU2,Prop2.INDIVIDU2,Prop3.INDIVIDU2)

INDIVIDU3(<u>Clef.INDIVIDU3</u>,Prop1.INDIVIDU3,Prop2.INDIVIDU3,Prop3.INDIVIDU3
Clef.INDIVIDU1*,Clef.INDIVIDU2*, Prop1.RELATION,Prop2.RELATION)

Schéma XII.26 — **"Schéma relationnel généré dans le cas d'une relation ternaire avec une cardinalité (1,1)"**

2°) Cardinalités de type (x,N)-(x,N)

Les règles de passage au MLD Relationnel sont les suivantes :

(R1) Chacun des individus du MCD devient une table relationnelle du MLD.

(R2) L'identifiant des individus du MCD devient la clef des tables relationnelles du MLD générées par ces individus.

(R3) Les propriétés portées par les individus du MCD deviennent attributs des tables relationnelles du MLD générées par ces individus.

(R4) La relation liant les individus du MCD devient une table relationnelle du MLD. Sa clef est constituée des identifiants des individus du MCD que la relation reliait au niveau du MCD.

(R5) Si la relation du MCD est porteuse de propriétés, ces propriétés deviennent des attributs de la table relationnelle du MLD générée.

Exemple : le cas ICF

Prenons par exemple le MCD du cas ICF obtenu au chapitre IX.

Le MLD relationnel brut généré est le suivant :

FACTURE(Numéro.Facture,Code.Client,Code.Fournisseur,Numéro.Contrat,Montant.Facture,Taux TVA.Facture)

CLIENT(Code.Client,Adresse.Client,Numéro de tél.Client)

FOURNISSEUR(Code.Fournisseur,Adresse.Fournisseur,Numéro de tél.Fournisseur)

REGLEMENT(Numéro.Règlement,Numéro.Facture,Date.Règlement)

FEUILLE DE PAIE(Numéro.Feuille de paie,Montant.Feuille de paie,Numéro de SS.Salarié)

NOTE DE FRAIS(Numéro.Note de frais,Montant.Note de frais,Date.Note de frais,Numéro de SS.Salarié)

CONTRAT(Numéro.Contrat,Code.Client,Numéro de SS.Salarié.Décroche,Numéro de SS.Salarié.Dirige)

SALARIE(Numéro de SS.Salarié,Adresse.Salarié,Numéro de tél.Salarié)

REGLEPAIE(Numéro.Règlement,Numéro.Feuille de paie)

REGLENOTE(Numéro.Règlement,Numéro.Note de frais)

LIE A(Code.Fournisseur,Numéro.Contrat)

REALISE(Numéro.Contrat,Numéro de SS.Salarié)

Schéma XII.27 — **"MLD relationnel brut obtenu dans le cas ICF"**

XII.3.5 Optimisation du MLD Relationnel

MESURE DU VOLUME DES RELATIONS

La mesure de l'encombrement des relations se fait assez simplement dans le cas du relationnel.

Soit Ri, le volume de la relation d'indice i. Nous avons :

Ri = Nbre d'enregistrements de la relation
x taille unitaire de l'enregistrement

Ce calcul du volume de chacune des relations est un peu simplificateur : les fichiers gérés par le SGBD Relationnel seront en effet un peu plus gros en raison des ressources système nécessaires pour gérer la base de données.

MESURE DE L'ACTIVITE DES RELATIONS

Dans le cas du relationnel, il existe deux grands types de primitives : les primitives de consultation et les primitives de mise à jour.

Afin de calculer l'activité de chacune des relations, il faut tout d'abord décomposer les traitements en primitives élémentaires correspondant à celles décrites ci-dessous. Ce travail s'appuie sur la séparation des tâches de consultation et des tâches de mise à jour faite lors des vues externes.

Une fois les traitements décomposés en primitives élémentaires, il est alors possible de calculer l'activité de chacune des relations du MLD en s'appuyant sur les deux tableaux ci-dessous (*) :

NOM	DEFINITION	POIDS DE LA PRIMITIVE
R	Accès à une occurrence de la relation par sa clef.. 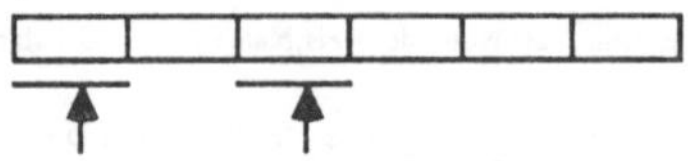	2
?R	Accès à une occurrence de la relation par un attribut autre que la clef. 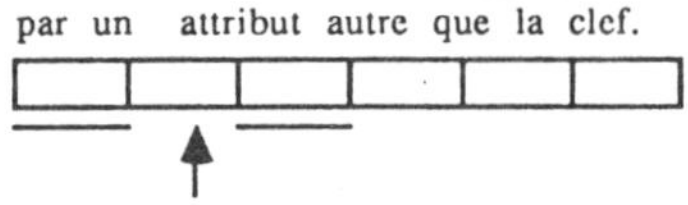	Le poids de cette primitive est de l'ordre du nombre de pages-mémoire occupées par la relation.
RJR'	Jointure de deux relations avec condition de comparaison. 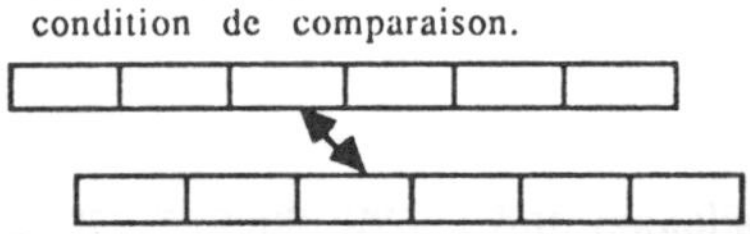	Le poids de cette primitive est de l'ordre du nombre de t-uples de la relation R multiplié par le nombre de pages-mémoire de la relation R'.

Schéma XII.28 — "**Les primitives de consultation**"

NOM	DEFINITION	POIDS DE LA PRIMITIVE
R+	Ajout d'une nouvelle occurrence.. 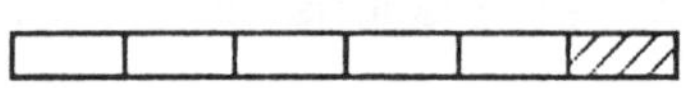	Le poids de cette primitive est de 4 si la table est indexée et de 2 sinon.
R-	Suppression d'une occurrence. 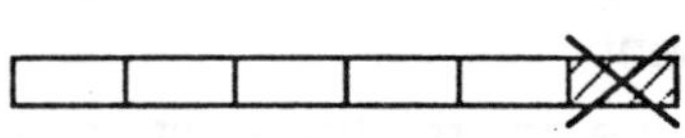	Le poids de cette primitive est de 4 si la table est indexée et de l'ordre de la moitié du nombre de pages-mémoire de la relation sinon.
Rm	Modification d'une occurrence. 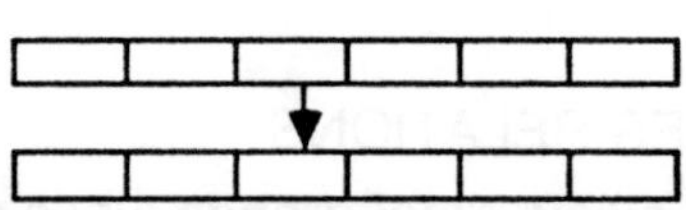	Le poids de cette primitive est de 3 si la table est indexée et de l'ordre de la moitié du nombre de pages-mémoire de la relation sinon.

Schéma XII.29 — "**Les primitives de mise à jour**"

(*) Ces deux tableaux sont inspirés du livre bleu (tome II) d'Hubert Tardieu.

OPTIMISATION DU MLD RELATIONNEL

Une fois le volume et l'activité des relations calculés, il est possible de modifier et d'optimiser le MLD. Voici les principales opérations qui peuvent être réalisées :

1°) Création de redondances, c'est-à-dire création de nouvelles relations ou amélioration de relations existantes en y ajoutant des attributs supplémentaires.

2°) Création d'index nouveaux, ce qui permettra de faciliter les recherches dans la base.

3°) Tri de relations, ce qui permettra de faciliter les recherches dans la base.

4°) Suppression de certaines relations peu utilisées.

Il faut garder en tête le fait que l'optimisation des bases de données relationnelles n'est pas une chose aisée et que relativement peu de personnes possèdent une expérience réelle du problème.

XII.4 CAS DU CODASYL

XII.4.1 Définition des concepts manipulés

Le CHAMP

Définition :

Le champ est la plus petite décomposition du Système d'Information.

Exemple :

Dans le cas du CODASYL, il existe deux types de champs :

- les champs servant au stockage d'information comme l'adresse du client, le montant TTC d'une facture,...
- les champs pointeurs servant à gérer la base de données navigationnelle. Citons par exemple le champ permettant pour chaque commande de pointer vers le client qui l'a passée.

Formalisme graphique :

Du point de vue graphique, le champ n'a pas de représentation particulière.

LE RECORD

Définition :

Comme son nom l'indique, un record est un ensemble de plusieurs champs.

Un record a toujours une clef qui permet d'identifier de façon unique chacune de ses occurrences.

Exemple :

Dans le cas ICF, nous avons par exemple les records client, facture,...

Formalisme graphique :

Du point de vue graphique, un record est représenté par un rectangle à l'intérieur duquel son nom est indiqué.

Nous avons par exemple :

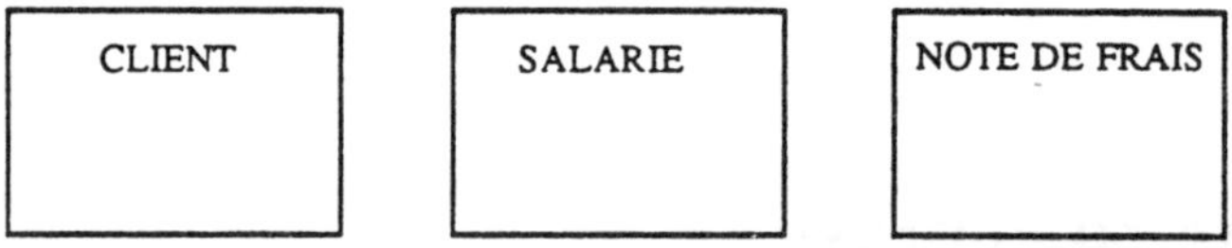

Schéma XII.30 — **"Exemples de record"**

Le SET

Définition :

Un set met en rapport deux records.

Un set est orienté. Le record dont part le set est appelé propriétaire (ou owner en anglais). Le record auquel arrive le set est appelé membre (ou member en anglais).

Ce sont les règles de passage du MCD au MLD CODASYL qui permettent de déterminer l'orientation des différents sets.

Exemple :

Entre les deux records client et facture, nous aurons par exemple un set issu de la relation qui liait les deux individus au niveau du MCD.

Formalisme graphique :

Du point de vue graphique, un set est représenté par une flèche orientée du propriétaire vers le membre.

Nous avons le formalisme suivant :

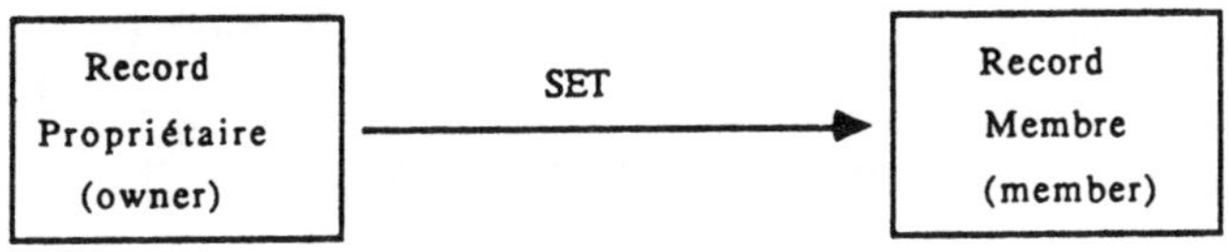

Schéma XII.31 — **"Formalisme graphique du set"**

XII.4.2 Règles de passage du MCD au MLD CODASYL

CAS DES RELATIONS BINAIRES

1°) Cardinalités de type (x,1)-(x,N)

Nous sommes dans le cas suivant :

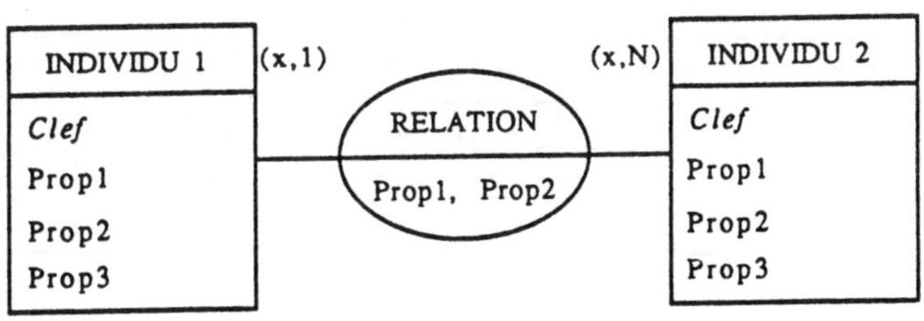

Schéma XII.32 — **"Cas d'une relation binaire (x,1)-(x,N)"**

Les règles de passage au MLD sont les suivantes :

(R1) Chacun des individus du MCD devient un record du MLD.

(R2) Le record propriétaire correspond à l'individu ayant la cardinalité (x,N). L'autre record est membre.

(R3) L'identifiant des individus du MCD devient la clef des records du MLD générés par ces individus.

(R4) Les propriétés portées par les individus du MCD deviennent champs des records générés.

(R5) Si la relation entre les individus est porteuse de propriétés, celles-ci migrent vers le membre, c'est-à-dire le record qui correspond à l'individu ayant la cardinalité (x,1).

(R6) La relation disparaît.

Nous avons finalement le schéma suivant :

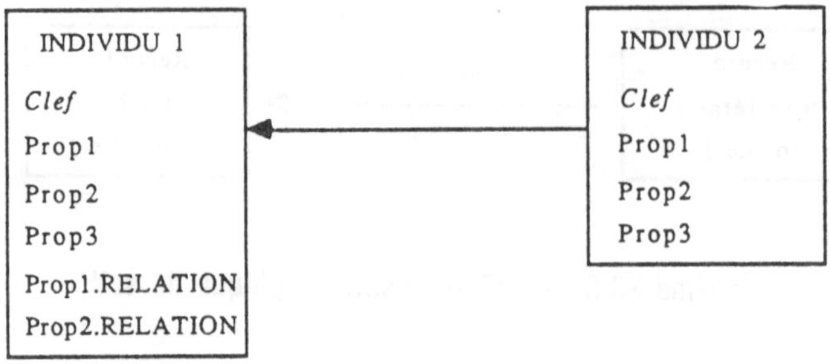

Schéma XII.33 — "**Schéma CODASYL généré pour une relation binaire (x,1)-(x,N)**"

2°) Cardinalités de type (x,N)-(x,N)

Nous sommes dans le cas suivant :

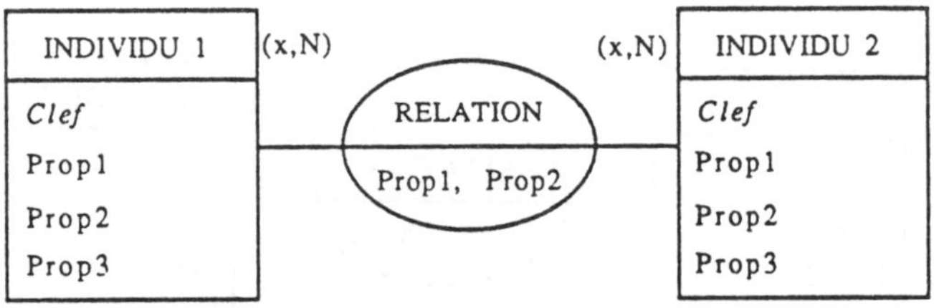

Schéma XII.34 — "**Cas d'une relation binaire (x,N)-(x,N)**"

Les règles de passage au MLD sont les suivantes :

(R1) Chacun des individus du MCD devient un record propriétaire.

(R2) L'identifiant des individus du MCD devient la clef des records du MLD générées par ces individus.

(R3) Les propriétés portées par les individus du MCD deviennent champs des records générés.

(R4) La relation devient un record membre.

(R5) La clef du record membre généré par la relation est constituée des identifiants des deux individus qu'elle reliait au niveau conceptuel.

(R6) Si la relation du MCD était porteuse de propriétés, celles-ci deviennent des attributs du record généré par la relation.

Nous avons finalement le schéma suivant :

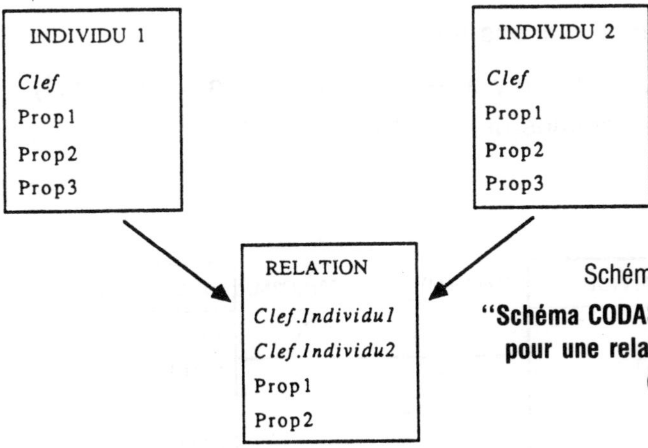

Schéma XII.35 — **"Schéma CODASYL généré pour une relation binaire (x,N)-(x,N)"**

3°) Cardinalités de type (x,1)-(x,1)

Dans le cas de cardinalités de type (x,1)-(x,1), il n'y a pas de règles de passage systématique au MLD. Il faut étudier les cas individuellement, selon les besoins du projet.

Rappelons au passage que le cas de cardinalités (1,1)-(1,1) ne doit normalement pas se présenter.

4°) Résumé pour les relations binaires

Pour les relations binaires, nous avons le tableau de synthèse suivant :

Ind1 / Ind2	(0,1)	(1,1)	(0,N)	(1,N)
(0,1)	Traiter au cas par cas	Traiter au cas par cas	(0,N) Prop (0,1) Memb	(1,N) Prop (0,1) Memb
(1,1)	Traiter au cas par cas	à éviter	(0,N) Prop (1,1) Memb	(1,N) Prop (1,1) Memb
(0,N)	(0,N) Prop (0,1) Memb	(0,N) Prop (0,1) Memb	Ind1 Prop Ind2 Prop Rel Memb	Ind1 Prop Ind2 Prop Rel Memb
(1,N)	(1,N) Prop (0,1) Memb	(1,N) Prop (1,1) Memb	Ind1 Prop Ind2 Prop Rel Memb	Ind1 Prop Ind2 Prop Rel Memb

Schéma XII.36 — **"Passage du MCD au MLD Codasyl pour les relations binaires"**

Cas des relations naires avec n>2

1°) Cas où il n'y a pas de cardinalités de type (x,1)

Nous sommes dans le cas suivant :

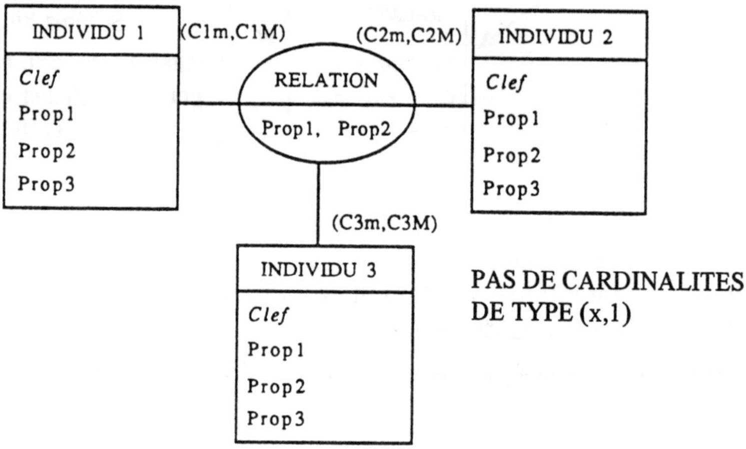

Schéma XII.37 — "**Cas d'une relation ternaire sans cardinalité (x,1)**"

Les règles de passage au MLD sont les suivantes :

(R1) La relation devient un record membre.

(R2) Chacun des individus liés par la relation devient un record propriétaire.

(R3) L'identifiant des individus du MCD devient la clef des records du MLD générées par ces individus.

(R4) Les propriétés portées par les individus du MCD deviennent champs des records générés.

(R5) La clef du record membre généré par la relation est constituée des identifiants de l'ensemble des individus qu'elle reliait au niveau conceptuel.

(R6) Si la relation du MCD était porteuse de propriétés, celles-ci deviennent des attributs du record généré par la relation.

Nous avons finalement le schéma suivant :

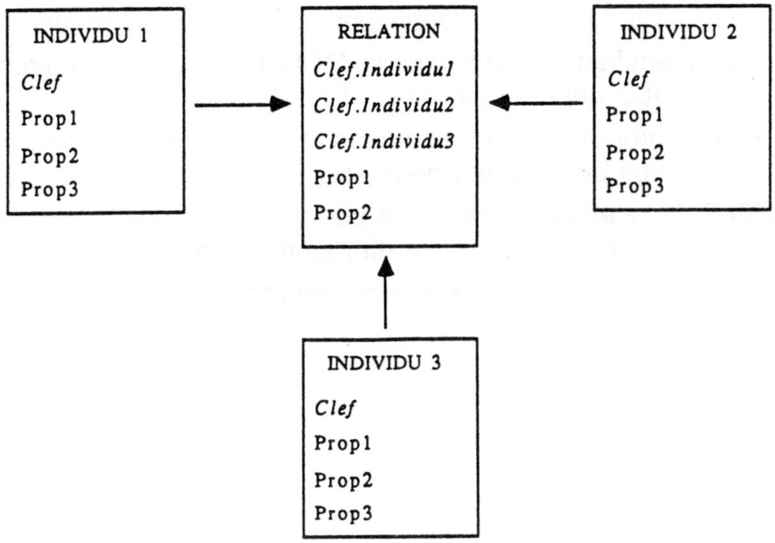

Schéma XII.38 — **"Schéma CODASYL généré pour une relation ternaire sans cardinalité (x,1)"**

2°) Cas où il y a une cardinalité de type (x,1) sur l'un des individus

Nous sommes dans le cas suivant :

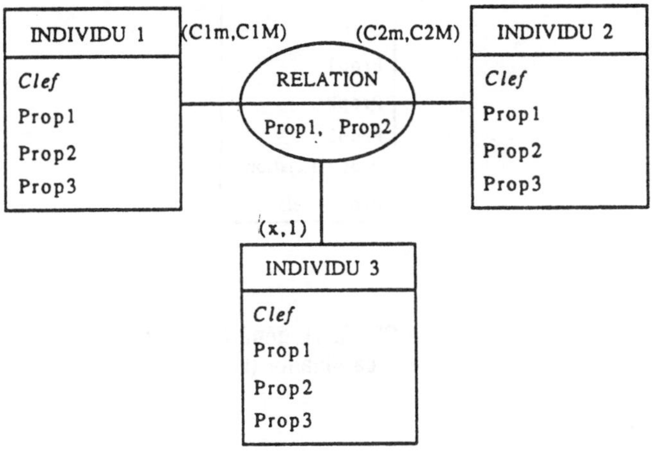

Schéma XII.39 — **"Cas d'une relation ternaire avec cardinalité (x,1)"**

Les règles de passage au MLD sont les suivantes :

(R1) La relation disparaît.

(R2) L'individu ayant la cardinalité (x,1) devient un record membre.

(R3) Les autres individus deviennent des records propriétaires.

(R4) L'identifiant des individus du MCD devient la clef des records du MLD générés par ces individus.

(R5) Les propriétés portées par les individus du MCD deviennent champs des records générés.

(R6) Si la relation du MCD est porteuse de propriétés, celles-ci deviennent des attributs du record membre.

Nous avons finalement le schéma suivant :

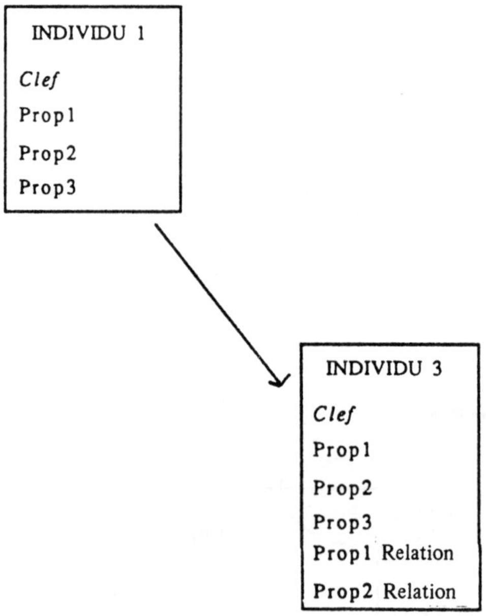

Schéma XII.40 — "**Schéma CODASYL généré pour une relation ternaire avec cardinalité (x,1)**"

Exemple

Prenons par exemple le MCD du cas ICF obtenu au chapitre IX :

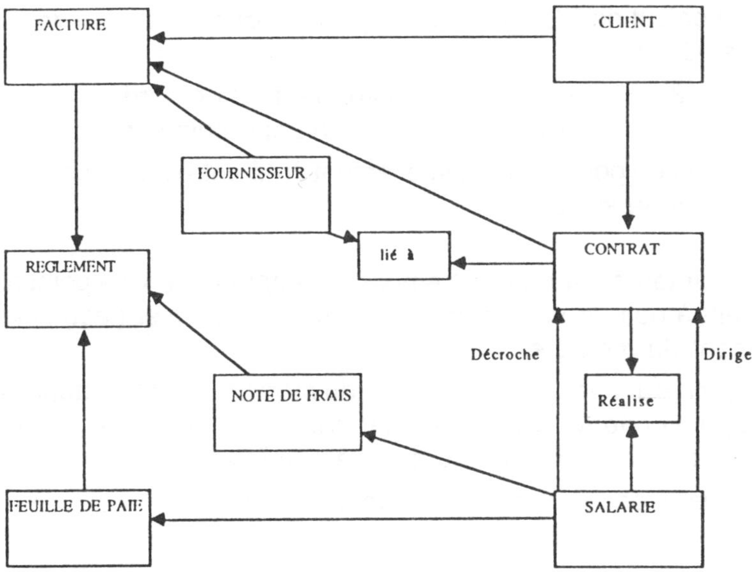

MODELE LOGIQUE DES DONNEES BRUT DANS LE FORMALISME CODASYL
INTERNATIONAL COMPURETING FRANCE

Schéma XII.41 — "**MLD CODASYL brut obtenu dans le cas ICF**"

XII.4.3 Optimisation du MLD CODASYL

MESURE DE L'ENCOMBREMENT DES RECORDS

La mesure de l'encombrement des records est une donnée statique. Elle va donner une idée de la taille des différents fichiers qui seront gérés par le SGBD.

Dans le cas du CODASYL, l'encombrement des records est dû à l'encombrement des champs servant au stockage d'information ainsi qu'à l'encombrement des champs pointeurs.

Soit Ri, l'encombrement du record d'indice i. Nous avons :

$$Ri = R1i + R2i$$

où : R1i correspond au stockage d'information
R2i correspond aux pointeurs

Le calcul de R1i est simple. On a :

R1i = nombre d'enregistrements du record
x taille unitaire des champs servant au stockage

Le calcul de R2i est plus complexe. Il dépend du jeu de pointeurs créés. On a :

R2i = nombre d'enregistrements du record
x taille unitaire des champs pointeurs

Le jeu de pointeurs habituellement créé entre deux records liés par un set est le suivant :

- 2 pointeurs par enregistrement du propriétaire. Ces pointeurs servent à pointer vers le premier (first) et le dernier (last) enregistrement du membre.
- 3 pointeurs par enregistrement du membre. Ces pointeurs servent à pointer vers l'enregistrement précédent (previous), l'enregistrement suivant (next) et le propriétaire (owner).

Nous avons le schéma suivant :

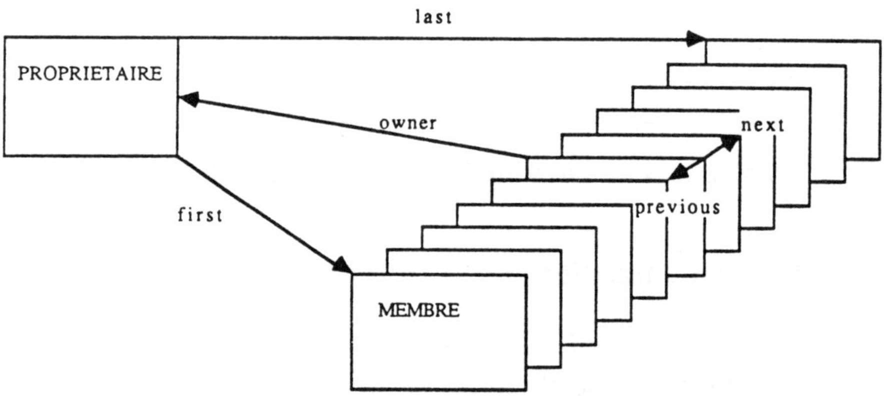

Schéma XII.42 — **"Pointeurs créés entre un propriétaire et un membre"**

Le jeu de pointeurs ici présenté n'est qu'une proposition. Dans certains cas, certains pointeurs seront inutiles et devront être supprimés.

MESURE DE L'ACTIVITE DES SETS

De même que pour le relationnel, il faut commencer par décomposer les traitements en primitives élémentaires avant de vouloir calculer l'activité des différents sets.

Voici les trois grands types de primitives pour le CODASYL :

NOM	DEFINITION	POIDS DE LA PRIMITIVE
=R	Accès à une occurrence de record par sa clef.. 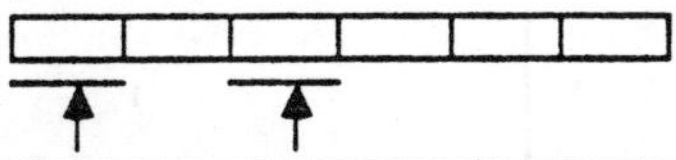	1
R+	Création d'une nouvelle occurrence de record. 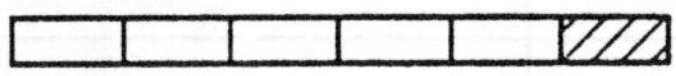	2
R-	Suppression d'une occurrence de record. 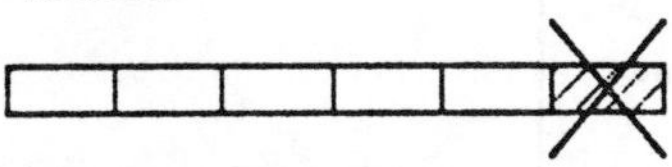	1
Rm	Modification d'une occurrence du record. 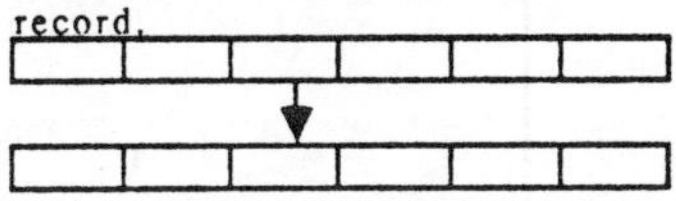	1

Schéma XII.43 — **"Création, modification ou suppression d'une occurrence de record"**

NOM	DEFINITION	POIDS DE LA PRIMITIVE
S1	Accès d'une occurrence du propriétaire vers la première occurrence du membre. 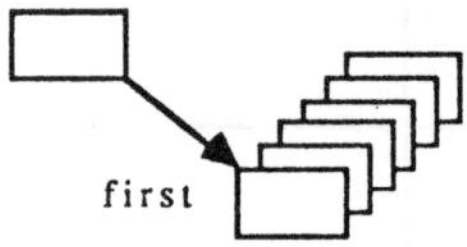	1
SF	Accès d'une occurrence du record membre vers l'occurrence suivante. 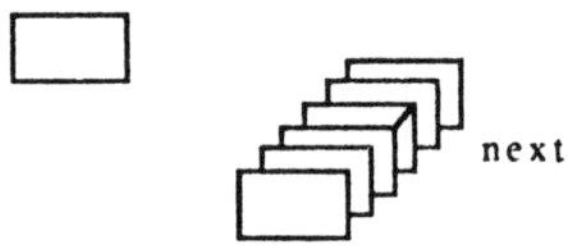	1
S-1	Accès d'une occurrence du membre vers l'occurrence propriétaire. 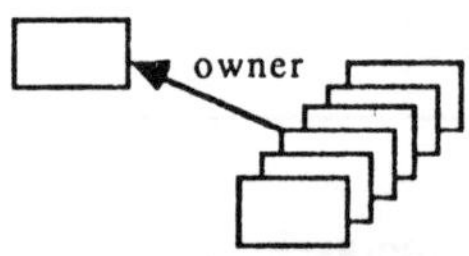	1
Sn	Accès d'une occurrence du propriétaire vers la dernière occurrence du membre. 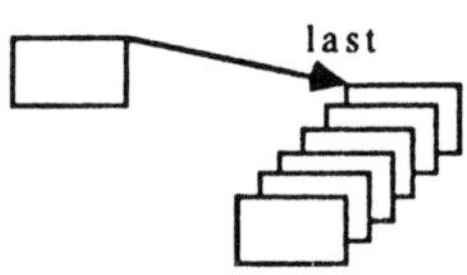	1
S-F	Accès d'une occurrence du record membre vers l'occurrence précédente. 	1

Schéma XII.44 — **"Parcours d'une occurrence de set"**

NOM	DEFINITION	POIDS DE LA PRIMITIVE
S+	Ajout d'une occurrence du membre. 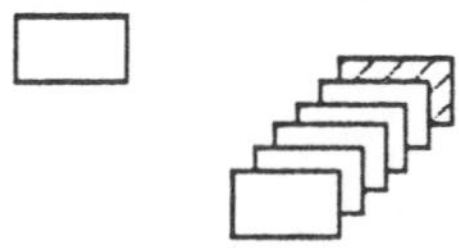	Le poids de cette primitive est de 4 si le set n'est pas ordonné et d'environ la moitié du nombre d'occurrences du membre si le set est ordonné.
S-	Suppression d'une occurrence du membre. 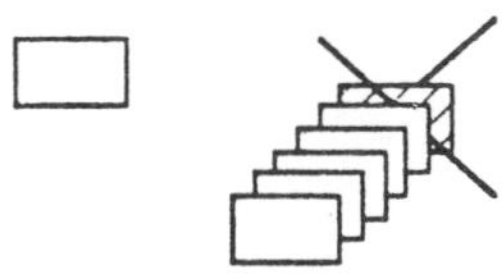	Le poids de cette primitive est de 4 si le set n'est pas ordonné et d'environ la moitié du nombre d'occurrences du membre si le set est ordonné.

Schéma XII.45 — "**Ajout ou suppression d'une occurrence dans un set**"

Les notations et le formalisme ici présentés sont classiques pour le CODASYL.

OPTIMISATION DU MLD CODASYL

Une fois l'encombrement des records et l'activité des sets calculés, il est possible d'optimiser le MLD brut obtenu.

Voici les principales opérations qui peuvent être réalisées lors de l'optimisation du MLD :

1°) Création de redondances de champs entre deux records :

Si on a souvent besoin d'accéder à un champ d'un record à partir d'un autre record, il pourra être intéressant de créer une redondance de champ. La gestion des redondances coûte cher, mais les temps de réponse de certains traitements peuvent être nettement améliorés.

2°) Suppression de sets peu utilisés :

Si certains sets sont utilisés peu souvent, il vaut mieux les supprimer tout simplement. Lorsqu'on aura besoin d'accéder d'un record à l'autre, il faudra alors parcourir toutes les occurrences de l'autre.

3°) Création ou suppression d'un pointeur :

Cette optimisation correspond à ce que nous disions ci-dessus : il est parfois inutile de créer tous les pointeurs traditionnels entre un membre et un propriétaire.

4°) Ordonnancement ou non-ordonnancement d'un set :

En effet, les recherches se feront beaucoup plus rapidement sur un set ordonné et la mise à jour sur un set non ordonné. Ainsi, la décision d'ordonnancer ou non un set dépend des traitements qui sont réalisés dessus.

CHAPITRE XIII

LE MODELE PHYSIQUE DES DONNEES (MPD)

XIII.1 Présentation

XIII.1.1 Introduction

Le Modèle Physique des Données (MPD) est le dernier modèle réalisé pour les données avant la programmation. Le MPD prend en compte les ressources physiques (SGBD, matériel, supports,...). Il va permettre d'implanter en machine l'ensemble des données issues du Modèle logique des Données.

Le Modèle Physique des Données (MPD) est développé en parallèle avec le Modèle Opérationel des Traitements (MOpT).

Le MPD permet d'aboutir à la description des fichiers ou de la base de données.

XIII.1.2 Situation par rapport aux six étapes de MERISE

Le Modèle Physique des Données (MPD) est entièrement réalisé lors de l'étude détaillée, phase conception technique. Nous avons le schéma suivant :

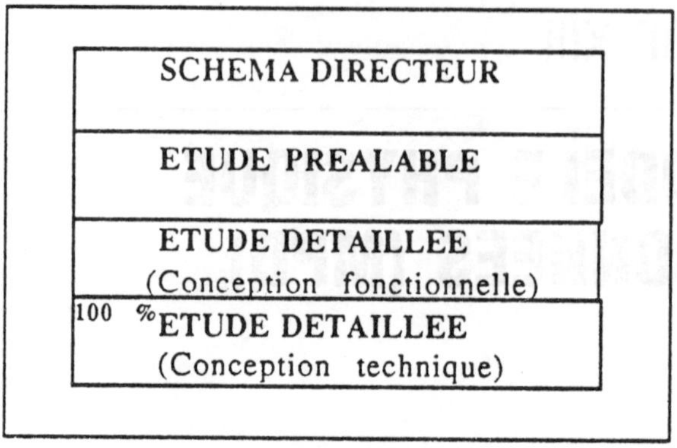

Schéma XIII.1 — "**Situation du MPD par rapport aux étapes de MERISE**"

Le Modèle Physique des Données (MPD) est réalisé :

lors de l'étude détaillée, phase conception technique, à 100 % de précision.

XIII.1.3 Les intervenants

Le Modèle Physique des Données (MPD) est réalisé par les informaticiens de l'entreprise qui ont une bonne connaissance du SGBD et des ressources techniques utilisées.

XIII.2 La conception du modèle

La conception du Modèle Physique des Données (MPD) dépend en fait entièrement du choix d'utiliser ou non au SGBD pour gérer les données de l'application.

Si l'entreprise n'utilise pas de SGBD, les fichiers doivent être gérés à la main par les analystes-programmeurs. Ceux-ci vont devoir gérer l'ensemble des paramètres habituellement manipulés par les SGBD, c'est-à-dire la sécurité des fichiers, le paramétrage des pages-mémoire, la gestion des pointeurs entre fichiers,...

Après avoir pris en compte ces différents facteurs, l'analyste-programmeur va pouvoir décrire ses fichiers dans un langage de programmation, le COBOL par exemple.

Les deux principaux inconvénients d'une telle solution sont les suivants :

- l'application sera difficile à maintenir et à faire évoluer
- la sécurité de l'application risque de laisser à désirer.

Dans le cas de l'utilisation d'un SGBD pour gérer les données, DB2 par exemple, le Modèle Physique des Données (MPD) est nettement plus indépendant des ressources physiques.

Avec un SGBD, la gestion des données est considérablement facilitée pour deux raisons principales :

- la description des données est faite dans le langage associé au SGBD utilisé. La modification de la base en sera facilitée
- la manipulation des données et les requêtes sont faites dans un langage nettement plus clair et plus facile à maintenir qu'un langage de programmation classique

Les profits résultants sont nets :

- plus faible redondance de données
- maintenance facilitée des applications
- sécurité informatique accrue.

Voici un exemple de déclaration SQL/DB2 pour le MLD du cas ICF :

Schéma XIII.2 — **"Création des tables SQL/DB2 du cas ICF"**

```
CREATE TABLESPACE CLI IN INF
 USING STOGROUP A040
  PRIQTY  2000
  SECQTY 0
  ERASE  NO
 FREEPAGE 0
 PCTFREE 0
 BUFFERPOOL BPO
 LOCKSIZE TABLESPACE
 CLOSE NO;

CREATE TABLE A083B.FACTURE
 (NUMERO_FACTURE  CHAR(20),
 CODE_CLIENT  CHAR(20),
 CODE_FOURNISSEUR  CHAR(20),
 NUMERO_CONTRAT  CHAR(20),
 MONTANT_FACTURE  DECIMAL(12,2),
 TAUX_TVA_FACTURE DECIMAL(5,2))
 IN  ICF.FACT;
```

```
CREATE TABLE A083B.CLIENT
 (CODE_CLIENT  CHAR(20),
 ADRESSE_CLIENT  CHAR(40),
 NUMERO_TEL_CLIENT CHAR(10))
 IN ICF.CLI;

CREATE TABLE A083B.FOURNISSEUR
 (CODE_FOURNISSEUR CHAR(20),
 ADRESSE_FOURNISSEUR CHAR(40),
 NUMERO_TEL_FOURNISSEUR CHAR(10))
 IN ICF.FOUR;

CREATE TABLE A083B.REGLEMENT
 (NUMERO_REGLEMENT CHAR(20)
 NUMERO_FACTURE  CHAR(20),
 DATE_REGLEMENT  CHAR(12))
 IN ICF.REGT;

CREATE TABLE A083B.PAIE
 (NUMERO_FEUILLE_PAIE CHAR(20),
 MONTANT_FEUILLE_PAIE DECIMAL(12,2),
 NUMERO_SS_SALARIE CHAR(13))
 IN  ICF.PAIE;

CREATE TABLE A083B.FRAIS
 (NUMERO_NOTE_FRAIS CHAR(20),
 MONTANT_NOTE_FRAIS DECIMAL(12,2),
 DATE_NOTE_FRAIS  CHAR(12),
 NUMERO_SS_SALARIE CHAR(13))
 IN  ICF.FRAIS;

CREATE TABLE A083B.CONTRAT
 (NUMERO_CONTRAT  CHAR(20),
 CODE_CLIENT  CHAR(20),
 NUMERO_SS_SALARIE_DECR CHAR(13),
 NUMERO_SS_SALARIE_DIRIG CHAR(13))
 IN ICF.CONT;

CREATE TABLE A083B.SALARIE
 (NUMERO_SS_SALARIE CHAR(13),
 ADRESSE_SALARIE  CHAR(40),
 NUMERO_TEL_SALARIE CHAR(10))
 IN  ICF.SALA;

CREATE TABLE A083B.REGLEPAIE
 (NUMERO_REGLEMENT CHAR(20),
```

```
 NUMERO_FEUILLE_PAIE CHAR(20))
 IN ICF.RGFR;

CREATE TABLE A083B.REGLENOTE
 (NUMERO_REGLEMENT CHAR(20),
 NUMERO_NOTE_FRAIS CHAR(20))
 IN ICF.RGNT;

CREATE TABLE A083B.LIEA
 (CODE_FOURNISSEUR CHAR(20),
 NUMERO_CONTRAT  CHAR(20))
 IN  ICF.LIEA;

CREATE TABLE A083B.REALISE
 (NUMERO_CONTRAT  CHAR(20),
 NUMERO_SS_SALARIE CHAR(13))
 IN  ICF.REAL;
```

CHAPITRE XIV

LE MODELE OPERATIONNEL DES TRAITEMENTS (MOpT)

XIV.1 Présentation

XIV.1.1 Introduction

Le Modèle Opérationnel des Traitements (MOpT) est la dernière étape avant la réalisation du logiciel. Ce modèle va servir à décrire l'agencement (architecture technique) des différents modules de programmation.

Le Modèle Opérationnel des Traitements (MOpT) constitue une étape indispensable qu'il ne faut absolument pas négliger. S'il est bien réalisé, il permettra de gagner un temps considérable pour la réalisation et la maintenance.

XIV.1.2 Situation par rapport aux six étapes de MERISE

Le Modèle Opérationnel des Traitements (MOpT) est entièrement réalisé lors de la conception technique de l'étude détaillée. Nous avons le schéma suivant :

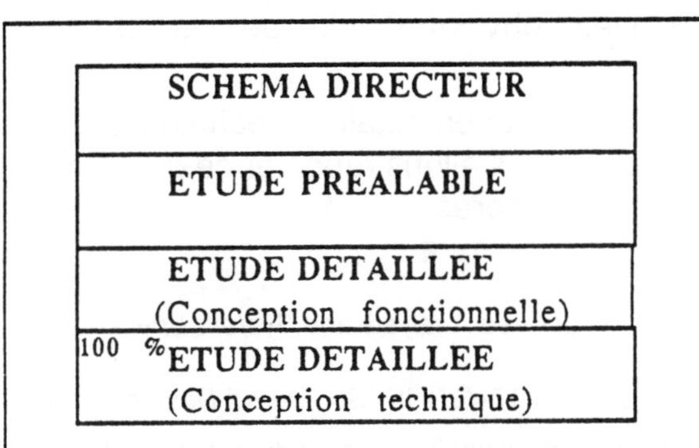

Schéma XIV.1 — **"Situation du MOpT par rapport aux étapes de MERISE"**

Le Modèle Opérationnel des Traitements (MOpT) est réalisé : lors de l'étude détaillée, phase conception technique, à 100 %.

XIV.1.3 Les intervenants

Le Modèle Opérationnel des Traitements (MOpT) est réalisé par l'équipe d'analystes-programmeurs, ou mieux par les analystes organiques.

XIV.2 La construction du modèle

XIV.2.1 Introduction

Le modèle opérationnel/physique des traitements proposé à l'origine par MERISE étant pratiquement inexistant, nous avons été amenés lors de nos nombreuses interventions sur le terrain à la compléter avec une démarche de type anglo-saxon inspirée de De Marco (1) et de Yourdon et Constantine (2).

Le plus d'une telle démarche est qu'elle nous permet de proposer une approche méthodologique pour le passage du niveau organisationnel des traitements au niveau opérationnel des traitements.

XIV.2.2 Le passage du niveau logique/organisationnel au niveau opérationnel/physique des traitements (3)

Pour ce qui concerne le passage du niveau organisationnel des traitements au niveau physique, l'idée de base est de partir de la procédure du MOT.

Mais avant d'examiner en détail les techniques permettant de concrétiser ce passage, nous allons rappeler ce qu'est un MOT en reproduisant un exemple ci-après :

(1) DE MARCO, *Structured Analysis and System Specification*, Yourdon Press, 1978.

(2) YOURDON et CONSTANTINE, *Structured Design*, Yourdon Press, 1978.

(3) Cette partie est largement inspirée du dossier d'étude "Merise/Yourdon" de Pham Thu Quang publié dans le numéro 15 de la revue *Génie Logiciel et Systèmes Experts*.

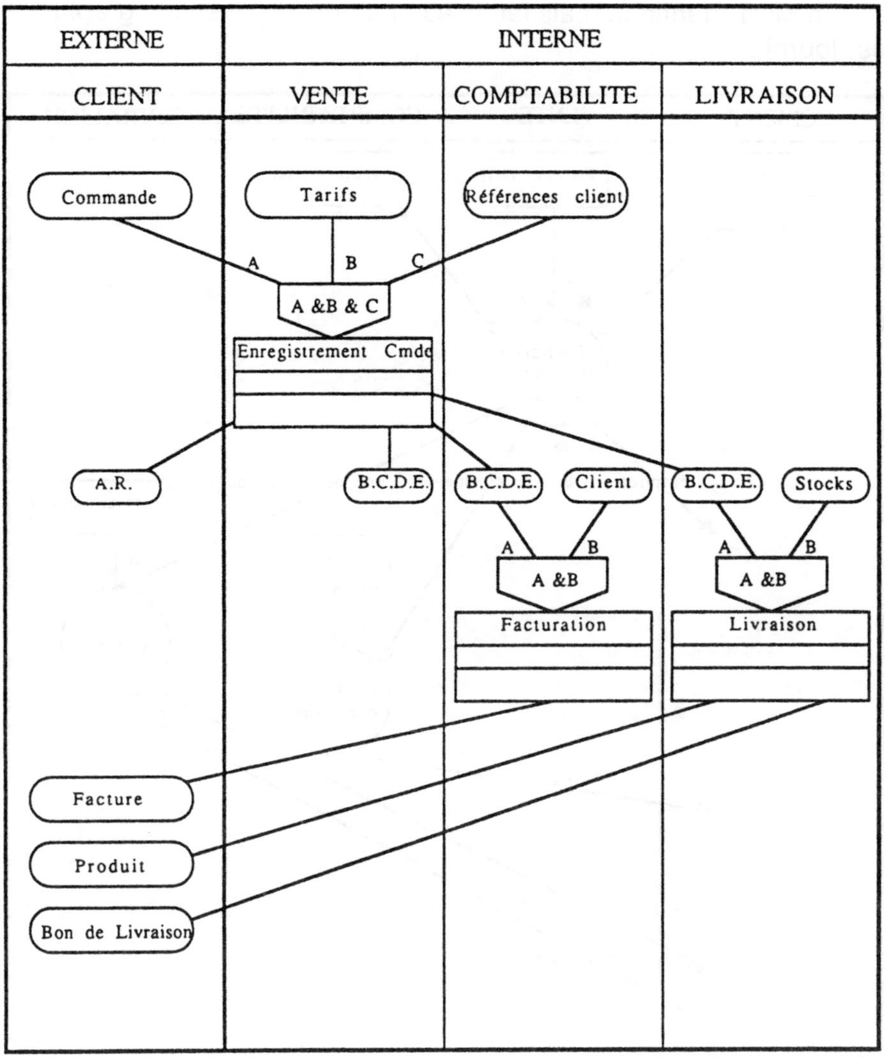

Schéma XIV.2 — "**MOT Merise pour la prise en compte des commandes**"

Un MOT identique mais fait avec une autre convention graphique est fourni :

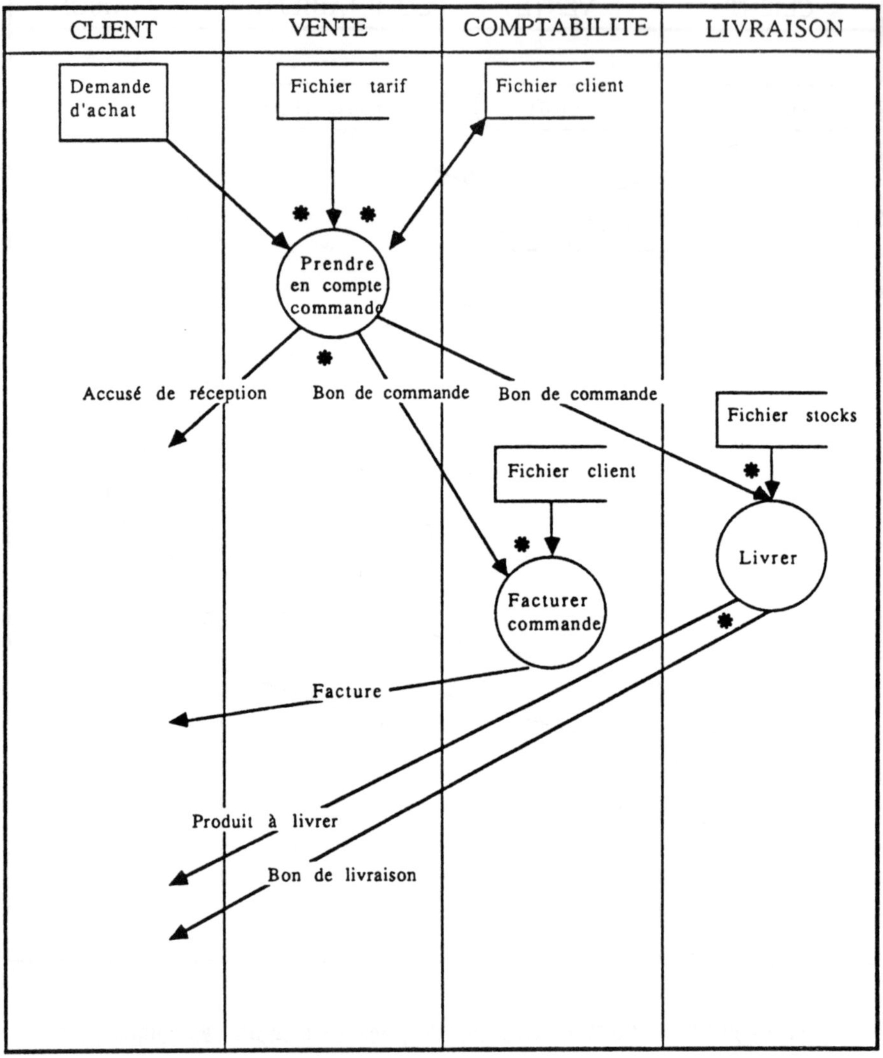

Schéma XIV.3 — **"Le même MOT que précédemment avec un autre formalisme"**

Dans ce deuxième graphique, l'étoile ou l'astérisque (*) correspond à une synchronisation de type ET entre des flux de données.

Le rond est une procédure au sens Merise du terme, et c'est donc elle qui va être prise, comme indiqué, comme base pour parvenir au diagramme de structure technique du niveau physique des traitements.

Dans la pratique, il sera encore nécessaire de décomposer la tâche concernée en plusieurs actions élémentaires, encore appelées primitives.

A chacune de ces actions ou primitives, il lui sera associé un texte en français structuré afin de la préciser.

Autrement dit, alors qu'il n'était pas nécessaire de détailler encore les tâches du MOT en primitives si l'on restait limité au niveau organisationnel, cela deviendra indispensable de le faire si on veut passer de l'organisationnel à l'opérationnel des traitements.

Pour illustrer ces propos quelque peu abstraits, nous allons nous servir d'un petit exemple.

Soit le MOT suivant :

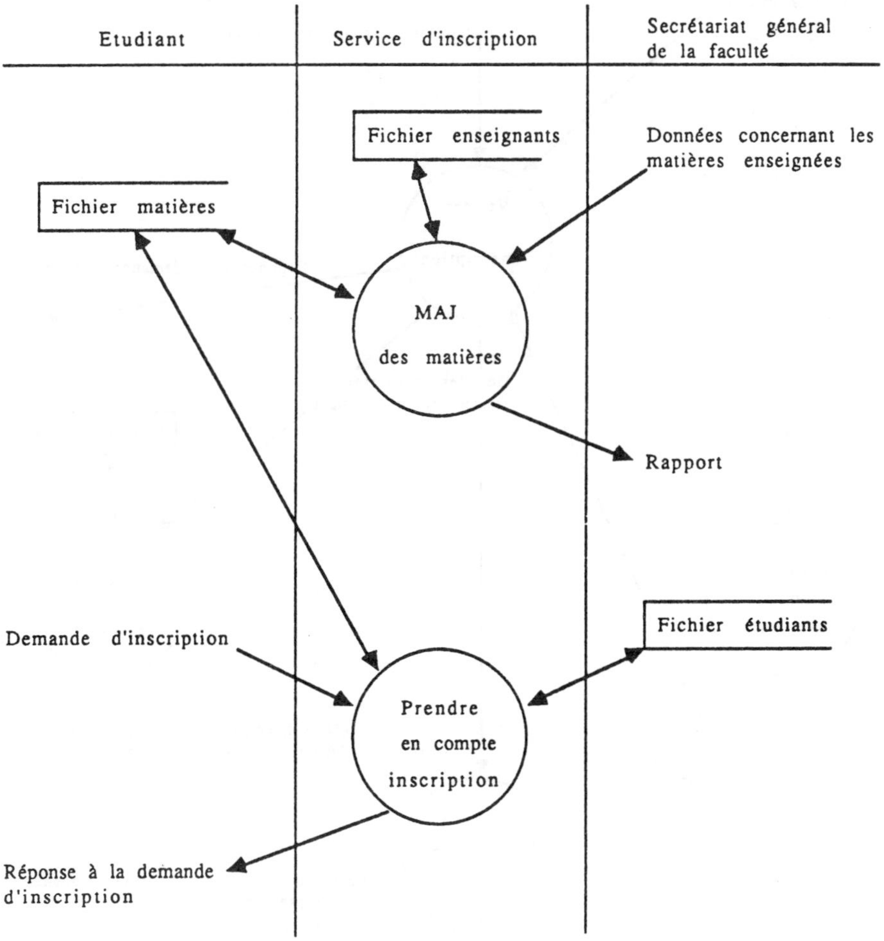

Schéma XIV.5 — **"Le MOT étudié"**

Avant de transformer la procédure "Prendre en compte inscription" en diagramme de structure, préoccupons-nous de la décomposer en actions élémentaires ou primitives, ce qui donne le schéma suivant :

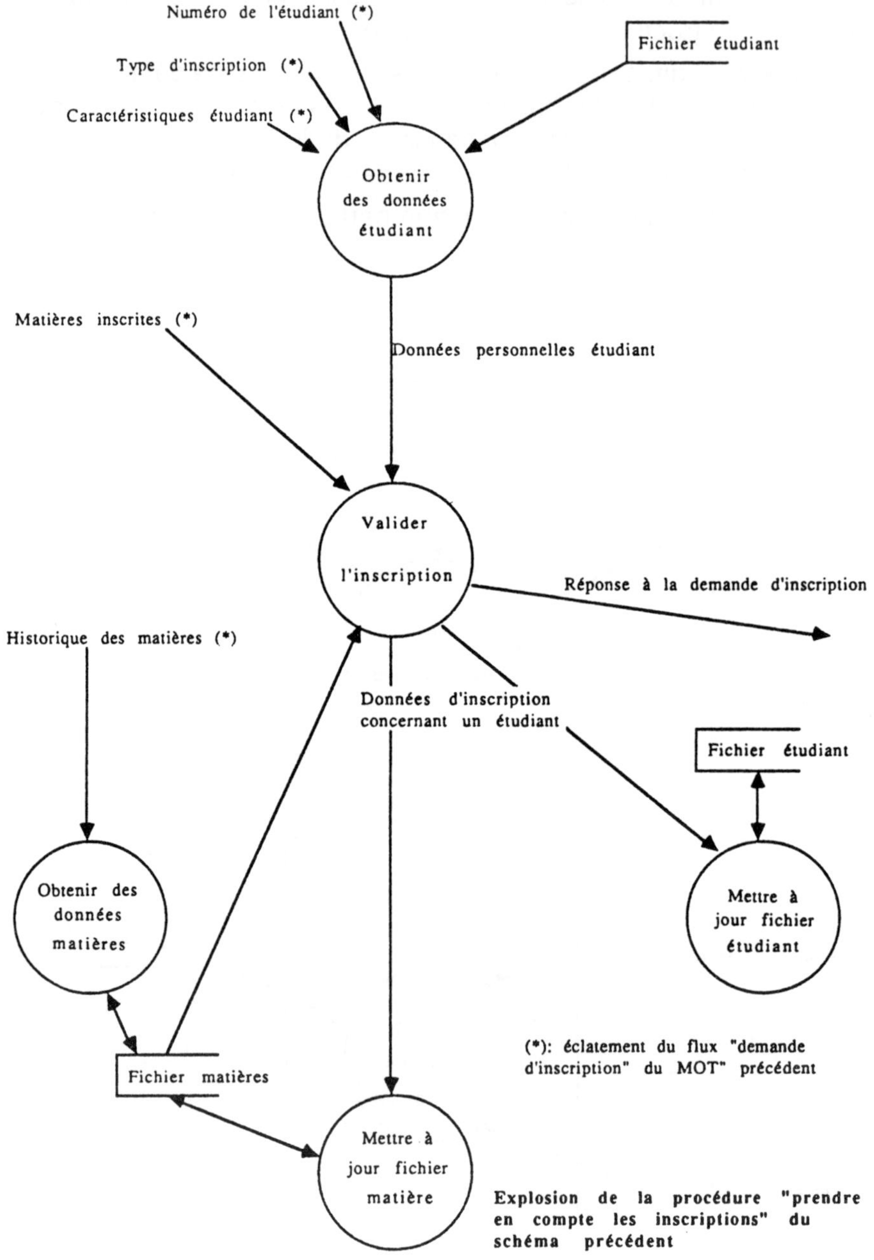

Schéma XIV.6 — **"Explosion de "Prendre en compte inscription""**

Aux différentes primitives de ce diagramme des primitives, encore appelé diagramme des flux de données (ainsi libellé car on ne s'intéresse qu'à l'échange des données), on pourrait adjoindre un petit texte en français structuré afin de décrire leur fonctionnalité.

A titre d'exemple, le schéma XIV.7 fournit un exemple de texte en français structuré pour la primitive "Obtenir des données étudiant" :

Obtenir les identifications de l'étudiant à l'écran (numéro, type d'inscription)

Vérifier la numéricité du numéro à l'écran

S'il y a erreur sur le numéro de l'étudiant
alors
envoyer un message à l'écran
demander que le numéro soit saisi à nouveau

Vérifier le type de l'inscription

S'il s'agit d'une nouvelle inscription
alors
vérifier que le numéro de l'étudiant n'existe pas encore dans le fichier
valider les caractéristiques (nom, sexe, adresse, etc...)

S'il s'agit d'une modification de l'inscription déjà prise
alors
récupérer l'enregistrement grâce au numéro de l'étudiant
si l'enregistrement n'existe pas
demander que le numéro de l'étudiant soit saisi à nouveau

S'il ne s'agit pas d'une nouvelle inscription ni d'une modification
alors
demander à ce que le type soit saisi à nouveau

Mini-spécifications (en français structuré) de la fonction "Obtenir des données étudiant" du schéma précédent

Schéma XIV.7 — "**Mini-spécifications en français structuré**"

A partir d'un schéma du même genre que celui qu'on vient de développer, on pourra effectuer le passage au niveau physique des traitements, principalement grâce aux deux techniques que voici :

LA PREMIERE TECHNIQUE "TRANSACTION TRANSFORM"

La première technique est une stratégie de conception de type modulaire appelée "transaction transform", et elle nous permet d'obtenir un système qui sera axé sur le concept de transaction, c'est-à-dire tout élément de données qui déclenche une action ou une séquence d'actions.

Une approche possible pour dériver le diagramme de structure technique du diagramme de flux de données serait la suivante :

1°) A partir d'un diagramme de flux de données (S.A.) de dernier niveau de décomposition, identifier les transformations pour lesquelles le flot de données d'entrée est transformé pour donner lieu à plusieurs flots de données mutuellement exclusifs par type de transaction.

2°) Identifier les transactions et leurs fonctions.

3°) Dessiner un premier diagramme de structure dans lequel le module directeur invoquera, d'abord, le module analyseur qui fera le tri des transactions et les retournera au module directeur, qui ensuite appellera le module dispatcheur, qui, quant à lui, aura pour tâche de diriger les différentes transactions vers les sous-systèmes qui leur correspondent.

4°) Vérifier, le cas échéant, s'il n'y a pas de fonctions communes à plusieurs transactions.

Pour illustrer cette démarche, un exemple a été développé et comprend les schémas XIV.8 et XIV.9, qui sont respectivement le diagramme de flux de données et son dérivé, le diagramme de structure technique :

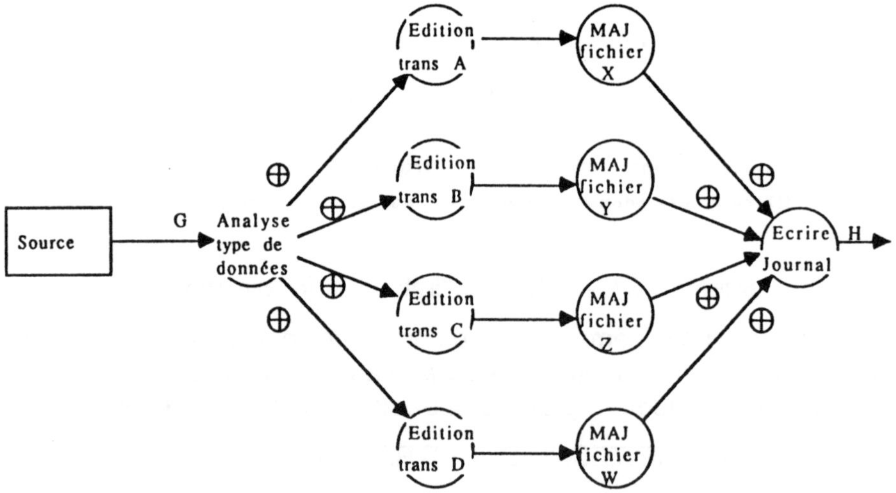

Schéma XIV.8 — **"Un diagramme de flux de données"**

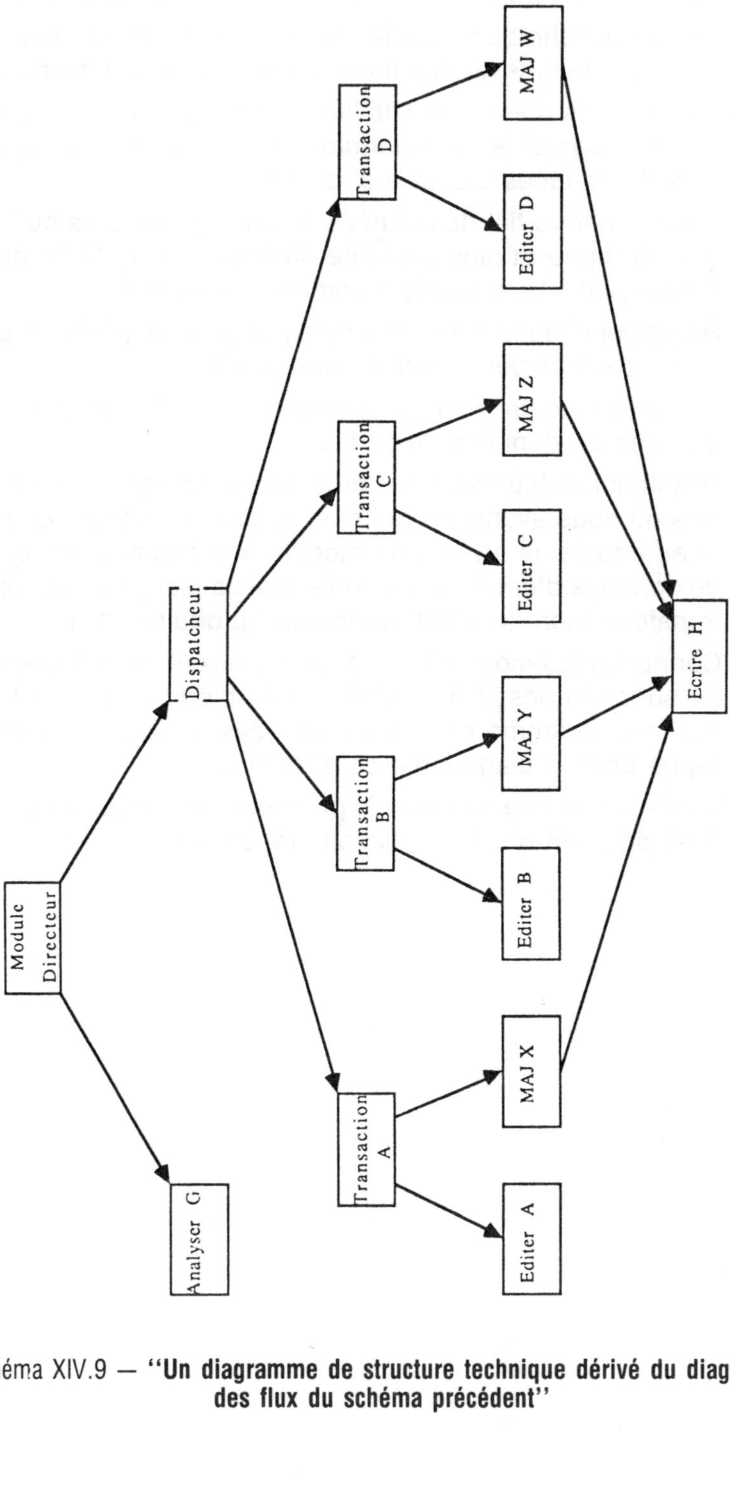

Schéma XIV.9 — **"Un diagramme de structure technique dérivé du diagramme des flux du schéma précédent"**

LA DEUXIEME TECHNIQUE "TRANSFORM CENTERED"

La deuxième technique, appelée "transform-centered" permet de construire un diagramme de structure en suivant la démarche suivante :

1°) A partir d'un diagramme de flux de données afin de visualiser les fonctions et les transformations du système, identifier les flots de données d'entrée et de sortie.

2°) Suivre chaque flot de données d'entrée jusqu'à ce qu'il atteigne sa forme la plus abstraite ou encore jusqu'à ce qu'il ne puisse plus être considéré comme une entrée.

3°) Remonter chaque donnée de sortie jusqu'à ce qu'elle ne puisse plus être considérée comme une sortie.

4°) Identifier le centre de transformation : il transforme les données d'entrée en données de sortie.

5°) Dessiner les deux premiers niveaux d'un diagramme de structure où nous avons, au premier niveau, un module directeur, et au deuxième niveau, un module à la fois pour chaque flot de données d'entrée et de sortie mais aussi pour le centre de transformation (ici c'est le module "produire S1").

6°) Connecter les modules de deuxième niveau avec leurs modules subordonnés jusqu'à ce que le problème tel qu'il est décrit par le diagramme de flux de données ait été complètement repris pour le diagramme de structure.

De la même manière que pour la première technique, un exemple a été développé afin d'aider à sa compréhension :

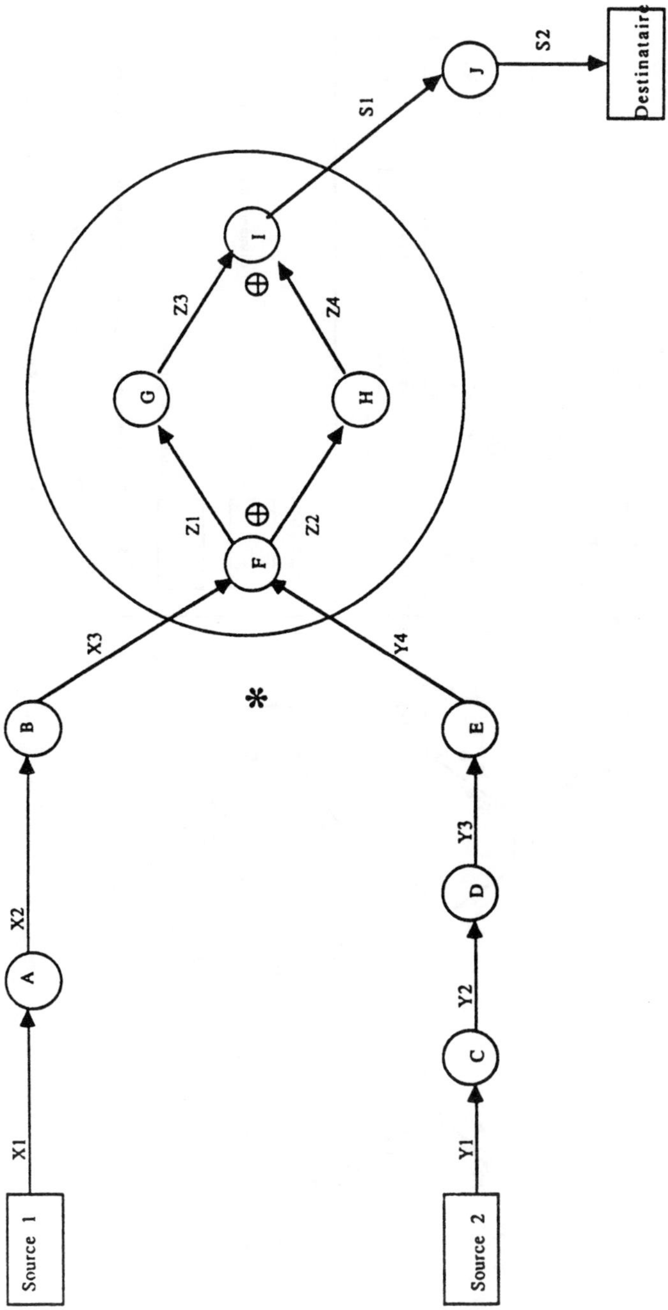

Schéma XIV.10 — **"Un exemple de diagramme de flux de données"**

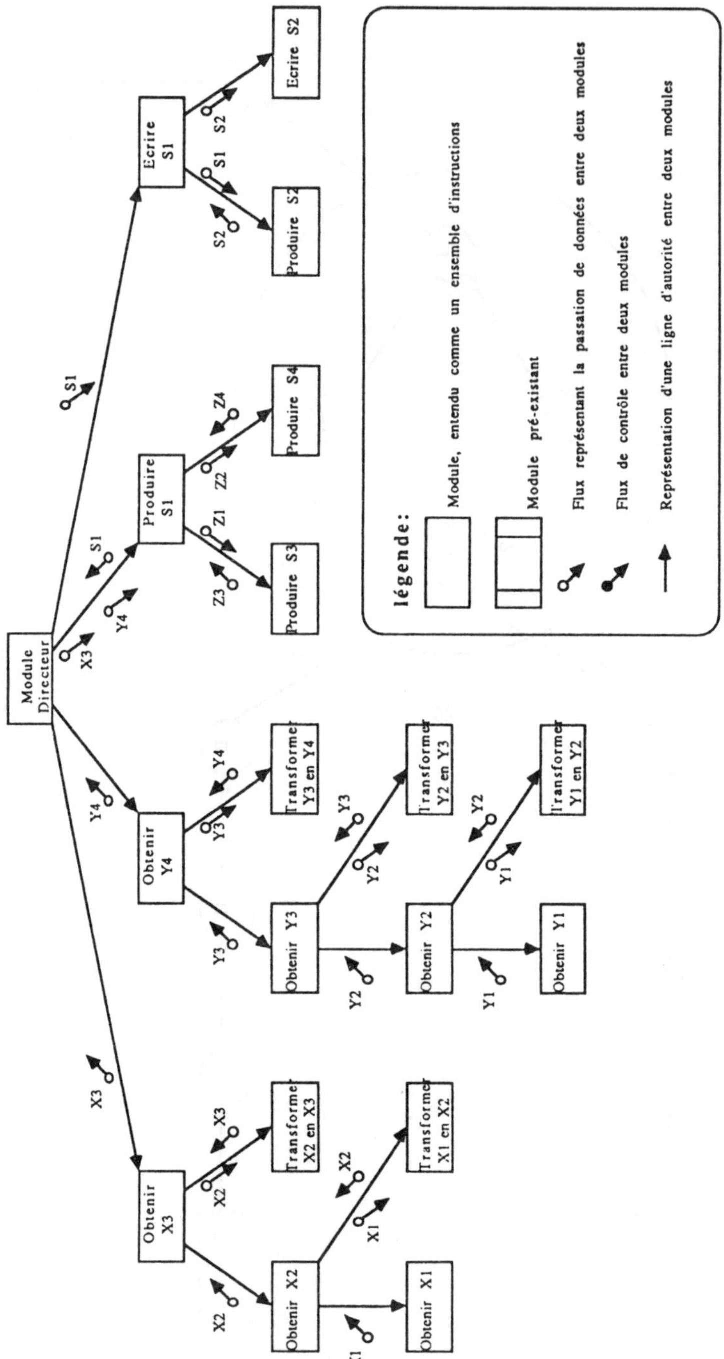

Schéma XIV.11 — **"Un exemple de diagramme de structure technique dérivé du diagramme de flux de données du schéma précédent"**

Ainsi présentés, les liens entre un diagramme de flux de données de type "transform-centered" et son dérivé, le diagramme de structure technique, seraient essentiellement les suivants :

— le sommet du diagramme de structure technique, c'est-à-dire le module directeur, correspond au centre de transformation du diagramme de flux de données,

— à chaque flot de données d'entrée et de sortie mais aussi au centre de transformation correspond un module sous-directeur,

— pour chaque fonction (ou transformation) de données entrante du diagramme de flux de données, il y a un couple de modules dans le diagramme de structure technique qui lui correspond ("Obtenir" et "Transformer"),

— pour chaque fonction (ou transformation) de données sortante du diagramme de flux de données il y a un couple de modules dans le diagramme de structure technique qui lui correspond ("Produire" et "Ecrire").

Deux critères pour évaluer un diagramme de structure technique : couplage et cohésion

Nous venons de passer en revue les deux techniques qui permettent de concevoir un diagramme de structure technique directement à partir des diagrammes de flux de données. Nous allons maintenant étudier l'ensemble des critères qu'il faudra examiner afin de s'assurer que le diagramme de structure ainsi obtenu soit le plus cohérent, le plus efficient possible.

Les deux critères les plus importants sont le couplage et la cohésion.

Le premier critère, c'est-à-dire le couplage, est fondamental pour le diagramme de structure technique. En effet, c'est en évaluant le degré de couplage entre les différents modules qu'un analyste organique peut juger de la qualité de son modèle et déterminer les points qui nécessitent d'être améliorés.

Le couplage est la mesure d'interdépendance entre les modules. Plus les modules sont couplés, plus grande est la chance que les changements à l'intérieur d'un module aient de l'impact sur le fonctionnement d'un autre module. Ceci veut dire, en d'autres termes, que nous devons chercher à minimiser le couplage. S'il n'est pas possible d'obtenir que les modules soient complètement indépendants les uns des autres, il est cependant possible de parvenir à un diagramme de structure où il y ait tellement peu de couplage qu'on peut modifier un module, la fameuse boîte noire, sans être obligé de modifier les autres. Une telle structure sera, à coup sûr, facile à maintenir.

Le couplage, par ailleurs, a un grand impact sur la lisibilité de la structure dans son ensemble et du codage de chaque module. Si le couplage est minimisé, vous pouvez lire et comprendre un module sans être obligé d'aller à l'intérieur d'un autre module. En d'autres termes, il ne doit pas y avoir de branchements à l'intérieur d'un module venant de l'extérieur ni de branchement de ce module dans d'autres modules.

Signalons avant de terminer avec les couplages des modules que Glenford Myers a réussi dans son livre "Reliable Software Through Composite Design" (4), à recenser les facteurs qui affectent le couplage et leur mesure. Dans la mesure où notre intention ici n'est pas de vous lister l'ensemble de ces facteurs, ni de vous indiquer comment les étudier afin de déterminer le degré d'indépendance des modules, nous nous contenterons de vous dire que la qualité d'une conception technique est grandement influencée par la quantité, mais aussi la nature des données qui circulent entre les différents modules d'un système.

Le deuxième critère important pour une bonne conception technique est sa cohésion. Par cohésion, nous entendons la mesure de l'association entre des éléments d'un module. Un module de traitement cohérent est un ensemble d'instructions et de données qui devraient être considérées comme un tout car étroitement liées.

Il y a plusieurs niveaux de cohésion, mais pour des raisons pratiques nous n'en retiendrons que deux, à savoir acceptable et inacceptable. Dès lors, seront considérés comme acceptables les modules qui ne réalisent qu'une tâche ou un ensemble de tâches étroitement liées car utilisant les mêmes données. Par contre, seront considérés comme de faible cohésion ou inacceptables les modules qui réalisent plusieurs tâches, reliés entre eux par de faibles liens de dépendance temporelle (les choses qui arrivent au même moment) ou chronologique (les choses qui arrivent les unes après les autres).

Le schéma suivant met en évidence deux exemples de liaisons, souhaitable et non souhaitable entre des modules :

(4) GLENFORD MYERS, "Reliable Software Through Composite Design", Van Nostrand Reinhold Editor, New York, 1975.

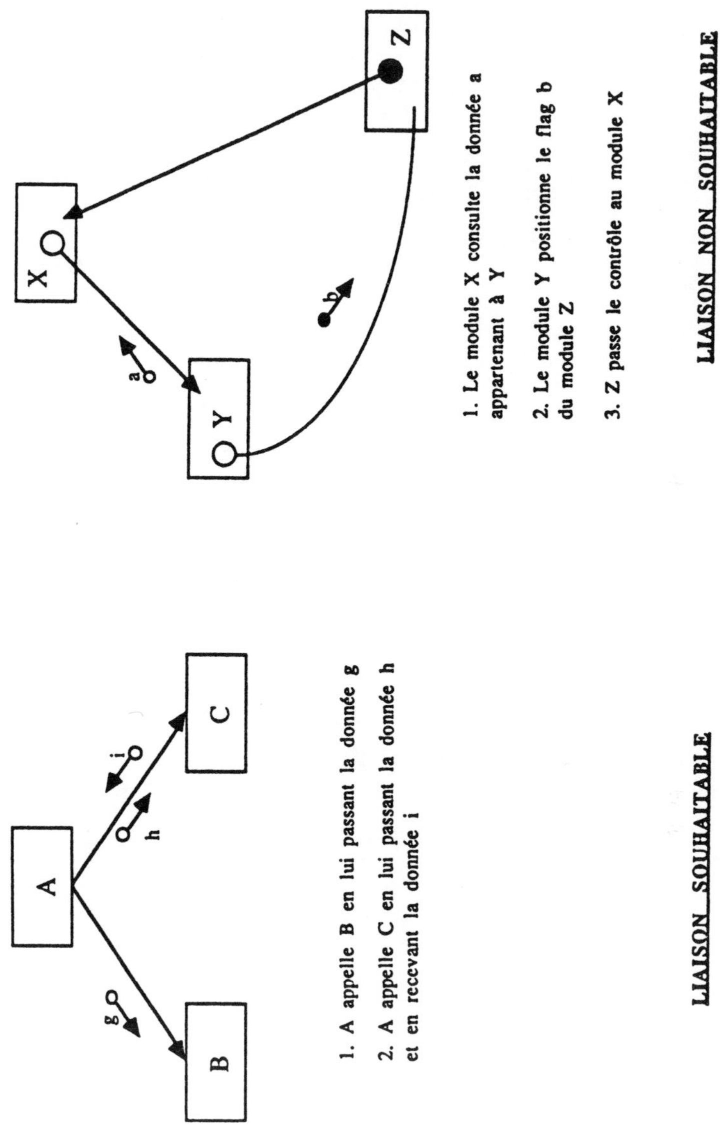

Schéma XIV.12 — **"Deux exemples de liaison, souhaitable et non souhaitable, entre des modules"**

TROISIEME PARTIE

LES OUTILS

CHAPITRE XV

LES OUTILS MERISE

XV.1 A quoi sert un outil ?

Une application sans outil est fastidieuse à mettre en oeuvre. Faite à la main, les concepteurs risquent de perdre le contrôle de la situation et de travailler chacun dans une voie différente. De plus, la coordination n'est pas évidente entre concepteurs car la mise en commun est difficile.

Une application avec outil, en même temps qu'il permet de créer et de mettre à jour les modèles rapidement, assure la cohérence du travail en offrant un cadre, une démarche et un formalisme communs. Les outils intègrent du graphisme, un dictionnaire,... Ils permettent une mise à jour des dossiers d'analyse facile et immédiate.

Nombreuses sont les entreprises qui ont compris ces avantages et ont décidé de se doter d'outils aussitôt qu'elles décident d'utiliser une méthode ou très peu de temps après.

XV.2 Caractéristiques générales des outils MERISE

XV.2.1 Introduction

Les premiers outils MERISE sont apparus sur le marché quelques années après la sortie de la méthode, c'est-à-dire au début des années 80.

Les outils apparus en premier sur le marché tournaient principalement sur mainframe. Un nombre croissant d'entre eux proposent maintenant des versions PC ou des interfaces avec l'univers PC.

Les investissements des sociétés qui développent de tels outils sont considérables. Le billet d'entrée est au minimum de plusieurs dizaines de millions de francs.

Sur le plan technique, les outils évoluent à une très grande vitesse en raison des progrès technologiques de ces dernières années. Alors que l'intégration de modules graphiques dans les outils est à peine réalisée, la programmation orientée objet (langages C + +, Smaltalk,...) vient bouleverser l'univers technique de ces outils. De même, la très forte poussée de SQL et de DB2 amène les sociétés à faire évoluer rapidement leurs outils.

Ce marché est actuellement en très forte évolution. Il n'est pas stabilisé et ne le sera vraisembablement pas avant encore quelques années. Les contraintes financières risquent plus d'influencer l'évolution des outils que l'arrivée de nouvelles technologies informatiques.

XV.2.2 Les problèmes d'implantation d'un outil

L'adoption d'un outil et d'une méthodologie dépendent avant tout du degré d'avancement des mentalités de l'entreprise vis-à-vis des méthodes. L'outil choisi doit être capable de s'adapter à la démarche de l'entreprise et non le contraire. Un outil trop structurant risque d'être rejeté par les informaticiens et les organisateurs car il ne suivra pas leur démarche. Les outils existants ont maintenant un méta-modèle modifiable, ce qui signifie qu'ils permettent d'adapter la méthode aux besoins de l'entreprise. Malgré cela, l'implantation d'un outil n'est pas toujours facile car elle va modifier les méthodes de travail des informaticiens et des organisateurs.

D'autre part, il existe peu d'outils capables de couvrir l'ensemble du cycle de vie du Système d'Information, depuis la conception jusqu'à la réalisation. Généralement, les outils existants couvrent soit la phase de conception, soit la réalisation et assez rarement les deux. Ainsi, il faudra souvent faire le choix entre un outil de conception et un outil de réalisation, sachant que les interfaces entre produits différents ne sont pas toujours faciles à réaliser.

Une question importante à se poser lors du choix d'un outil est celle de la reprise de l'existant. De nombreux outils tirent un trait sur les données existantes et présentes dans le dictionnaire. Seuls certains d'entre eux permettent de récupérer le travail fait depuis de nombreuses années par la Direction informatique.

XV.2.3 Les gains apportés par l'utilisation d'outils

Certains de ces aspects ont été abordés rapidement au début du chapitre, il s'agit maintenant de les préciser.

Cependant, les gains apportés par l'utilisation d'outils MERISE sont nombreux, ils peuvent cependant être classés en trois catégories : gains de productivité, gains de qualité et gains au niveau de la maintenance.

Outre l'aspect ludique de certains modules graphiques, les outils permettent de gagner en productivité lors des deux principales phases de l'analyse : la conception et la réalisation. Pour la phase de conception, les gains sont réalisés lors du dessin des modèles qui est grandement facilité, de l'édition des dossiers d'analyse qui sont toujours cohérents avec le dictionnaire et lors de la réalisation de maquettes de l'application qui est grandement facilitée. De même, certains outils permettent de gagner de nombreuses heures de programmation en générant automatiquement la structure des fichiers et certains modules du programme. Enfin, les erreurs de conception devraient être plus facilement détectées et évitées avec l'aide d'un outil. Et chacun sait qu'une erreur de conception coûte très cher à corriger lors de la réalisation.

L'utilisation d'un outil permet de gagner nettement au niveau de la qualité pour plusieurs raisons. Tout d'abord, un outil est structurant et va aussi obliger tout le monde à travailler suivant les même normes et à renseigner un dictionnaire commun. Ce côté a priori négatif devient positif : la mise en commun du travail de chacun sera grandement facilitée. Le travail réalisé est ainsi de meilleure qualité. D'autre part, les concepteurs vont pouvoir se concentrer sur leur métier réel et fournir un travail de qualité.

Enfin, la maintenance de l'application va être améliorée grâce au travail fourni avec l'outil. Le simple fait d'avoir des dossiers d'analyse toujours cohérents avec le dictionnaire va permettre de combler l'insoutenable pauvreté de la documentation en phase de maintenance.

De plus, certains outils, dans la mesure où ils couvrent complètement le cycle de développement d'un projet, c'est-à-dire de la conception jusqu'à la réalisation, vont permettre de générer automatiquement des programmes à partir des données saisies au niveau de l'analyse.

Les programmes ainsi générés sont pour la plupart très bien structurés et souvent accompagnés d'une documentation commentée. En somme, tout ce qu'il faut pour rendre plus aisée la maintenance des applications de nos sociétés.

XV.3 Les grandes caractéristiques des outils MERISE

XV.3.1 Situation par rapport au cycle de vie

Les outils existants peuvent être répartis en trois groupes :

- les outils de conception
- les outils de maquettage / prototypage
- les outils de réalisation et de génération de code.

Les outils de conception permettent de réaliser les modèles conceptuels et logiques de MERISE : le graphe des flux, les modèles conceptuels des données et des traitements, le modèle organisationnel des traitements, les vues externes et le modèle logique des données.

Les outils de conception ont maintenant presque tous des interfaces graphiques. Certains de ces interfaces sont sur PC, d'autres sur Macintosh et d'autres enfin sur stations de travail Sun ou Rank Xerox par exemple.

L'aide à la conception est généralement bien réalisée par les produits existants.

Le maquettage et le prototypage des applications sont précieux pour compléter les méthodes de conception dans la mesure où ils permettent, avant programmation, de présenter les futures applications aux utilisateurs. Le maquettage présente une vision relativement statique de l'application finale et aucune donnée n'est stockée. Le prototypage permet de donner une vision dynamique de l'application finale.

Les outils de maquettage/prototypage ne sont généralement pas dédiés à une méthode plus qu'à une autre car cette étape est quasiment indépendante de la méthodologie retenue pour développer le projet.

Cela étant dit, notons cependant que la plupart des outils d'aide à la conception MERISE intègrent généralement des modules de maquettage.

XV.3.2 Le matériel

Les outils MERISE existants sont utilisables sur trois types de matériels :

- des micros-ordinateurs de type PC ou Macintosh
- des stations de travail de type Sun ou Xerox
- des mainframes (IBM, Bull,...).

Les outils implantés sur PC ou Macintosh présentent l'avantage de posséder des environnements graphiques particulièrement accueillants. Il est clair que des problèmes se posent en revanche pour le dictionnaire central et pour le partage de données entre plusieurs postes de travail. Certains outils, comme AMERIC sont simplement monopostes. D'autres comme ESPACE-MICRO sont multi-postes, mais sans mise à jour interactive du dictionnaire central. Les derniers comme PAC-BASE proposent enfin un véritable partage du dictionnaire central avec mise à jour interactive du dictionnaire.

De plus, le prix des outils sur micro est généralement plus faible que sur les autres matériels.

Les outils implantés sur stations de travail sont relativement peu nombreux. Les stations présentent cependant un intérêt réel en terme de puissance et d'environnement de travail. L'inconvénient est qu'en achetant un outil sur station, on risque de se retrouver facilement prisonnier du constructeur du hardware.

Les outils sur mainframe permettent bien évidemment de gérer un dictionnaire central important. Cette solution est indispensable dans le cas de projets de taille particulièrement importante ou d'une administration de données.

Les deux principaux inconvénients des outils sur mainframe sont leur prix et leur manque de convivialité : on ne fait malheureusement pas encore du Macintosh sur gros système !

XV.3.3 Les interfaces graphiques

Les premières interfaces graphiques pour des outils MERISE sont apparues en 85/86. Depuis, les progrès réalisés sont considérables.

Seuls les outils sur PC et sur station de travail possèdent des interfaces graphiques attrayantes.

Sur PC, les interfaces développées sont généralement intégrées dans un environnement graphique de type MS/WINDOWS ou GEM. Un tel choix assure en effet la portabilité et la pérennité des interfaces développés. D'autres sont indépendants de tout environnement.

Les outils graphiques sur PC ou Macintosh sont généralement tout à fait conviviaux et pratiques d'utilisation. Ils permettent de dessiner les modèles de la méthode MERISE qui ont un formalisme graphique : Graphe des Flux, Modèle Conceptuel des Données, Modèle Conceptuel des Traitements, Modèle Organisationnel des Traitements ainsi que les Vues Externes.

Sur station de travail, l'environnement graphique proposé est d'excellente qualité et nettement meilleur que sur PC ou Macintosh. Par contre, le problème est toujours celui d'être prisonnier du constructeur.

Le seul outil MERISE qui a actuellement une implantation sur station est, sauf omission, GRAPHTALK de Rank Xerox.

XV.3.4 Les éditions

Tous les outils du marché offrent la possibilité de sortir des éditions à partir des données contenues dans le dictionnaire. Les outils ont maintenant une fonction permettant de sortir automatiquement le dossier d'analyse adapté aux normes et standards de l'entreprise.

XV.3.5 Le maquettage/prototypage

Les outils de conception pure de type Espace Micro, Conceptor, ou Message intègrent de petits modules de maquettage en bout de piste. Ces modules permettent de dessiner les grilles des écrans de la future application et de simuler l'enchaînement des écrans entre eux.

D'autres outils tels STX, PALLAS et TELON sont plus spécialisés dans le prototypage et permettent à l'utilisateur de développer des prototypes beaucoup plus poussés de la future application.

Un des points les plus importants avec le maquettage/prototypage est que tout le travail réalisé lors de cette étape : dessin des grilles d'écran, spécification des contrôles,... puisse être récupéré lors de la réalisation effective de l'application

XV.3.6 La génération de code ou d'application

L'outil PACBASE de la C.G.I. s'est bien positionné sur ce marché et possède des centaines de références dans le monde entier. Un de ses atouts est qu'il est capable d'attaquer un grand nombre de mainframes du marché et de générer sur chacun les lignes de COBOL adaptées à l'environnement matériel.

D'autres, de conception plus récente, comme TELON ou PALAS, GAMMA-REALISATION,etc... ont commencé à réussir leur rentrée sur ce marché.

XV.3.7 Le prix des outils

Le prix diffère considérablement entre les petits outils sur Macintosh comme CONSOI et les outils de type AGL implantés sur mainframe et dont le prix peut atteindre le million de francs.

Voici les fourchettes de prix suivant le type de produit :

Type de produit	Prix
Produit sur Macintosh essentiellement graphique Exemples: Merise Draw,...	de 5 à 10 KF
Produit sur PC avec graphisme et fonctions de maquettage Exemples: Espace Micro, Excelerator Merise, Message Spécification,..	de 50 à 150 KF
Produit sur mainframe avec fonctions de génération de code Exemples: Pac Design/Pac Base, Softpen, etc...	de 250 à 1.000 KF

Schéma XV.1 — **"Le prix des outils MERISE"**

La maintenance annuelle est généralement située entre 12 et 15 % par an (la première année est souvent gratuite).

XV.4 Liste de critères pondérés de choix d'un outil

Ci-après, nous reproduisons une liste quasi-intégrale de critères ayant permis d'opérer une première sélection d'un outil d'aide à Merise en faveur d'une Direction informatique avec environ une centaine d'informaticiens aux études.

Nous espérons que la liste ainsi reproduite vous donnera quelques idées quant à celle que vous pourrez élaborer pour votre entreprise ou encore pour votre projet.

Il vous appartiendra de compléter cette liste et de choisir la pondération qui vous sera propre, en fonction de l'importance que vous donnez à tel ou tel critère.

Question	Pas important	Important	Essentiel
1°) Nom et adresse de la société ?			
2°) Secteur d'activité ?			
3°) Année de conception de l'outil ?			
4°) Nombre de sites ?			
5°) Nombre de postes installés			
6°) Coût de la maintenance ?			
7°) Langage dans lequel a été écrit l'outil ?			
8°) Environnement logiciel nécessaire pour le fonctionnement de l'outil ?			
9°) Quels sont les niveaux de Merise supportés (conceptuel, logique, physique) ?			
10°) Quel est le mode de dialogue entre l'outil et l'utilisateur (graphique, questions/réponses) ?			
11°) Y a-t-il un help on-line intégré à l'outil ? A quels niveaux ?			

Schéma XV.2 — **"Liste de critères de choix d'un outil"**

Question	Pas important	Important	Essentiel
12°) Y a-t-il un moyen permettant de vérifier que tout individu a un identifiant ?			
13°) Peut-on créer des individus qui ne soient reliés à aucun autre ?			
14°) Toute propriété doit-elle être affectée à un individu ou une relation ?			
15°) Peut-on créer des individus distincts ayant le même libellé ?			
16°) Peut-on créer des relations distinctes ayant le même libellé ?			
17°) Est-il possible d'effectuer un zoom sur une partie du modèle ?			
18°) Est-il possible d'imprimer seulement une partie sélective du modèle pour validation utilisateur par exemple ?			
19°) Les créations et/ou suppressions d'individus et/ou de relations se font-elles par modèle ou globalement ?			
20°) Peut-on avoir des processus ou opérations sans événement déclencheur ou résultat ?			
21°) Quels sont les types de modèles logiques supportés par l'outil (hiérarchique, réseau, relationnel) ?			
22°) L'outil permet-il de faire une optimisation du MLD ?			

Question	Pas important	Important	Essentiel
23°) L'outil permet-il de générer les ordres de création physique de la base de données ?			
24°) Quels sont les modèles physiques de données supportés ?			
25°) L'outil de conception est-il interfacé avec un générateur de code ou d'applications ?			
26°) Lequel ? De qui ?			
27°) L'outil est-il interfacé avec un générateur "X" ?			
28°) Cette interface est-elle opérationnelle ? Où ? Depuis quand ?			
29°) L'outil permet-il de rapprocher les données des traitements ? L'outil permet-il de vérifier que tous les individus et relations sont bien utilisés dans un processus ?			
30°) L'outil possède-t-il un méta-modèle ?			
31°) Le méta-modèle est-il évolutif ? L'utilisateur a-t-il accès au méta-modèle ?			
32°) Y a-t-il un langage de requête (à des fins de statistique,...) ?			
33°) Est-il possible de consolider les modèles ?			

Question	Pas important	Important	Essentiel
34°) Comment ?			
35°) L'outil permet-il de faire du maquettage ?			
36°) Peut-on récupérer les propriétés conceptuelles préalablement définies pour faire du maquettage ?			
37°) La création d'un champ lors du maquettage provoque-t-elle une mise à jour du dictionnaire de l'outil ?			
38°) Y a-t-il un traitement de texte intégré à l'outil ? Lequel ?			
39°) L'outil permet-il de sortir la documentation du projet sous forme de dossier d'étude avec sommaire, pagination, texte,... ?			
40°) Avec quel outil de traitement de texte cela est-il possible ?			
41°) L'accès à l'outil se fait-il par un mot.de passe ?			
42°) Comment est assurée la sécurité des modèles ?			
43°) Y a-t-il la possibilité d'accorder des droits d'utilisation différents (création, suppression) ?			
44°) Quelle est la documentation fournie avec l'outil ?			

Question	Pas important	Important	Essentiel
45°) Quelle est la durée de la formation à l'outil ?			
46°) Y a-t-il un club utilisateur ?			
47°) Qui en est le président ?			
48°) Y a-t-il un service après-vente ? Quelle est sa forme ?			
49°) Quel est le nombre de techniciens faisant partie de l'équipe de développement de l'outil ?			

QUATRIEME PARTIE

EN GUISE DE CONCLUSION

CHAPITRE XVI

COMMENT REUSSIR L'ESSAI ?

Ce chapitre a pour but de vous indiquer en quelques lignes comment faire pour réussir l'emploi de MERISE au delà de la connaissance technique de la méthode.

Il ne peut en aucun cas être considéré comme une discussion quant à la stratégie à mettre en oeuvre pour réussir l'introduction des outils et méthodes de conception au sein de l'entreprise, même s'il y contribue (imparfaitement) !

Cela étant dit, ces quelques bons conseils seront de nature à intéresser le chef de projet et le responsable méthode. Pour ceux qui sont intéressés par la question de la stratégie, nous les invitons à attendre notre prochain ouvrage actuellement en préparation.

XVI.1 Ne négligez pas le facteur humain !

- Sachez motiver vos troupes

La volonté de faire du MERISE ne doit pas uniquement être le fait du directeur informatique ou du chef de projet. Même s'il devait être le cas, encore faut-il que les personnes concernées soient motivées. Le meilleur moyen de motiver ses troupes est de leur montrer les gains qu'elles pourront tirer de l'utilisation de MERISE en terme de compétence, de qualité et de maintenance.

Une astuce pourrait consister à faire venir des personnes qui ont vécu de telles expériences et de leur demander de faire quelques exposés.

- Ayez une équipe bien formée à MERISE

Un projet MERISE n'est pas viable si les intervenants n'ont pas tous une formation complète à MERISE quelques semaines avant son utilisation. La formation peut être effectuée par une société de service extérieure. Il est généralement utile que le formateur assure un monitorat d'une ou deux journées par semaine pendant les mois suivant la formation.

- N'oubliez pas vos utilisateurs

Si vous souhaitez que vos utilisateurs puissent dialoguer avec vous et valider vos modèles, ne venez pas les voir seulement à la fin et n'oubliez surtout pas qu'ils ont eux aussi besoin de formation... et pas uniquement d'une présentation de quelques heures.

- Rien ne vaut mieux que l'expérience

Pour que le projet se déroule bien, il est souhaitable que le chef de projet ait une bonne expérience de la pratique de MERISE et de projets similaires. L'intérêt est double : il mettra en confiance et il pourra tirer profit de ses expériences antérieures.

Rien n'interdit non plus de prendre un ou deux concepteurs expérimentés Merise dans le projet.

XVI.2 N'oubliez pas Les 3 Cycles !

- Sachez respecter le cycle de vie

Faire du MERISE sans respecter le cycle de vie serait une entreprise vouée à l'échec. Cela signifierait que les différentes étapes ne seraient pas clairement arrêtées ou que le projet est trop gros. Un tel comportement est excessivement dangereux et le projet risque en fait de ne jamais être terminé.

- Sans cycle d'abstraction rien ne va

La négligence du cycle d'abstraction est particulièrement dangereuse.

En effet, l'intérêt de ce cycle est de sérier les préoccupations, d'avoir une approche progressivement descendante, allant de la connaissance du problème (conceptuel) aux décisions à prendre relatives à qui doit faire quoi, où, quand et comment (organisationnel) pour ne décider des moyens techniques à mettre en oeuvre qu'en dernier lieu (physique).

Négliger ce cycle, c'est ne pas bénéficier de la puissance de la démarche et risquer de tout mélanger.

- N'oubliez pas le cycle de décision

  Il n'y a rien de pire qu'un projet pour lequel on ne sait pas clairement qui prend les décisions. Une telle situation risque d'amener rapidement la confusion la plus complète et d'amener les membres de l'équipe de projet à prendre les décisions eux-mêmes.

  De la même facon que les modèles doivent être validés par les utilisateurs (régulièrement informés et bien formés), il faut qu'une personne ou un groupe de personnes bien identifié décide d'arrêter les dossiers produits et de passer d'une étape ou d'une sous-étape à une autre.

XVI.3 Sachez faire passer le formalisme MERISE !

- Evitez toute lourdeur

  Le formalisme et la démarche proposés par MERISE apportent beaucoup, et il serait dommage de passer à côté en les utilisant maladroitement. Il faut avant tout être pragmatique et veiller à introduire progressivement le formalisme MERISE.

  Faire du Merise ne signifie pas que tout dans Merise doit être utilisé !

  Par ailleurs, un outil permettra d'alléger la lourdeur.

- Soyez avant tout pragmatique

  Faire du MERISE ne signifie pas se faire plaisir en se perdant dans des sphères d'abstraction inutiles. L'unique objectif est de faire aboutir le projet en respectant les contraintes de temps, d'argent et de qualité.

- Sachez que MERISE peut être customisée et adaptée

  De nombreuses sociétés ont adopté la méthode MERISE en l'adaptant à leurs propres contraintes. Ces sociétés ont ainsi développé leur méthodologie "maison" en s'appuyant à 80 % sur MERISE. Cette démarche est intéressante à condition que les personnes qui adaptent la méthode aient l'expérience de projets et de la méthodologie. Il ne s'agit pas que MERISE soit customisé par une personne qui passe ses journées enfermée dans un bureau sans jamais travailler sur de réels projets.

XVI.4 Pensez à adopter les bons outils !

- Cessez de faire vos dessins à la main

Des gains de temps notoires peuvent être réalisés tout simplement en utilisant de bons outils graphiques adaptés sur PC ou sur Macintosh. Le crayon et la gomme donnent déjà de bons résultats, mais un crayon intelligent sur PC peut en donner encore des meilleurs. De tels outils ne coûtent vraiment pas cher par rapport aux monstres que représentent les AGL du marché. Le rapport du gain de productivité sur le prix est non négligeable.

- Pensez à mettre en place un dictionnaire commun

Il est impossible de faire utiliser pendant longtemps MERISE dans un service informatique sans les outils logiciels adaptés. L'un des outils est un dictionnaire central capable de recevoir l'ensemble des spécifications des concepteurs. Autour du dictionnaire devront être implantés un ensemble de fonctions d'édition et des contrôles de cohérence.

Le dictionnaire mis en place peut être implanté sur site avec des terminaux. Une autre solution consiste à interfacer des PC avec le mainframe.

XVI.5 Même avec MERISE, votre projet doit être conduit !

Vous avez deviné !

Même avec Merise, vous aurez toujours besoin de planifier les différentes tâches de votre projet, décider (de préférence en concertation avec tous les acteurs concernés) qui doit faire quoi, où et quand, et suivre l'avancement des travaux avec des points de contrôle à intervalles réguliers.

Même en tant que spécialiste de Merise, cela ne vous fera pas de mal d'être un bon conducteur (de projet).

Alors, si vous venez de débuter en Merise, qu'il vous reste à maîtriser, vous aurez doublement besoin d'être bon conducteur.

Pour vous aider à avoir une idée quant aux documents qu'on peut élaborer pour conduire et suivre un projet avec Merise, des exemples de planning des tâches, de suivi du plan de charges, etc... vous sont fournis en annexe.

ANNEXES

Le cas d'étude International Computering France (ICF)

Quelques exemples de sommaires de dossiers d'étude réalisés avec MERISE

Exemples de documents de conduite de projet avec MERISE

Comparaison de dix principaux outils MERISE

Méta-modèle de MERISE

ANNEXE 1

Le cas d'étude International Computering France

CAS D'ETUDE

PRESENTATION DE LA SOCIETE

International Computering France (ICF) est une jeune Société de Service et d'Ingénierie Informatique (SSII) créée en janvier 1985. Son activité est centrée autour du développement d'application dans le domaine de l'informatique de gestion.

Les caractéristiques sociales d'ICF sont les suivantes :

Dénomination sociale :	International Computering France
Forme juridique :	Société Anonyme (S.A.)
Capital :	250 000 F
Date de création :	1er janvier 1985
Siège social :	12, avenue de Suffren — Paris 15e
Président Directeur Général :	M. Marc Julien

Les résultats comptables d'ICF sont les suivants :

ANNEE	CA (en MF)	RESULTAT
1985	2,2 MF	0,1 MF
1986	6,1 MF	0,4 MF
1987	10,3 MF	1,1 MF
1988	14,5 MF	2,0 MF

La société ICF se porte bien, sa trésorerie est positive et son PDG, Marc Julien, peut envisager de nouveaux projets pour les années à venir.

ICF emploie actuellement 30 salariés. Son personnel est réparti ainsi :

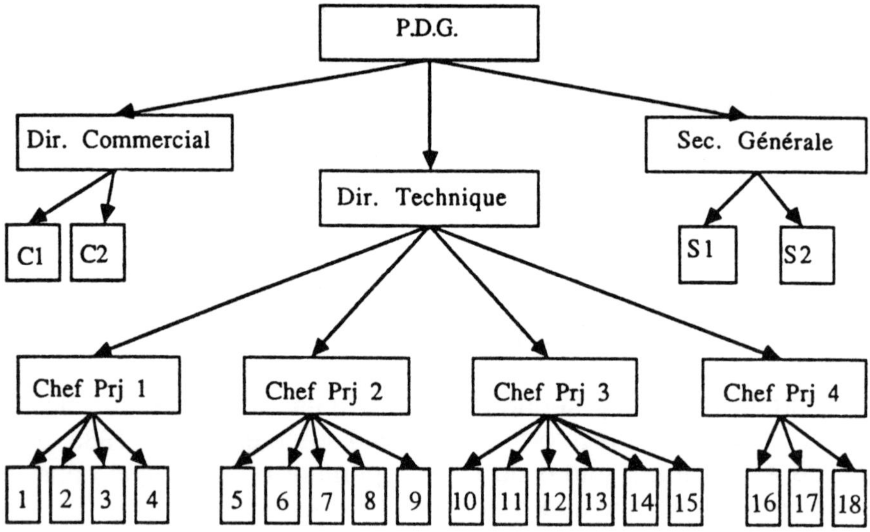

Schéma joint — "**Organigramme d'ICF** "

Du point de vue informatique, Marc Julien a décidé d'informatiser la recherche et la réalisation des contrats depuis la création d'ICF. C'est le seul Système d'Information Automatisé existant d'ICF. Jusqu'au jour d'aujourd'hui, les tâches comptables sont sous-traitées à l'extérieur car Marc Julien considère que l'activité d'ICF n'est pas de faire de la comptabilité.

Afin de relancer la refonte de son informatique, Marc Julien a décidé de prendre la méthode MERISE compte tenu des bons résultats qu'elle donne. Pour réaliser sa ré-informatisation, Marc Julien a fait appel à un consultant extérieur, Jacques Bernard.

La première tâche de Jacques Bernard est de faire le bilan de l'existant. Il s'est donc attaché à mettre en évidence les règles de gestion du système de gestion des contrats d'ICF et d'en réaliser le MCD et le MCT.

Voici l'étude de l'existant telle que l'a faite Jacques Bernard :

LA GESTION COMMERCIALE D'ICF

L'activité de prospection commerciale et de gestion des contrats d'ICF regroupe l'ensemble des tâches suivantes :

1°) L'organisation de salons informatiques
2°) L'organisation de conférence de presse
3°) La "chasse" de clients nouveaux
4°) "L'élevage" des clients actuels
5°) La négociation de contrats
6°) Le suivi des contrats en cours

L'organisation de salons informatiques

Pour chacun des grands salons informatiques de l'année : SICOB, FORUM PC, AVIGNON,... le PDG d'ICF, Marc Julien étudie une participation éventuelle.

S'il décide de ne pas participer au salon, le dossier du salon est alors archivé.

Dans le cas contraire, le processus de préparation du salon informatique est enclenché : inscription et organisation administrative, décoration du stand, envoi d'invitations aux clients d'ICF,...

Pendant le salon, sont organisées diverses actions : distribution de tracts aux visiteurs, organisation de démonstrations, participation à des conférences,...

Après le salon, les prospects contactés doivent être relancés par les deux commerciaux d'ICF.

L'organisation de conférences de presse

Tous les ans au mois de mars, ICF organise une conférence de presse afin de présenter ses activités et ses produits à la presse spécialisée.

L'organisation de la conférence comprend l'envoi d'un mailing auprès de journalistes, la relance de ces derniers par téléphone et l'organisation purement matérielle de la conférence.

La "chasse" de clients nouveaux

Le but de la chasse est de trouver de nouveaux clients pour ICF. Le travail de chasse se fait à partir d'annuaires classiques : QUI DECIDE ?, COMPASS ?,... Les personnes sont sélectionnées sur des critères de taille de l'entreprise, du budget informatique,...

La chasse se fait en plusieurs étapes : contact téléphonique, envoi d'un courrier, relance téléphonique, prise de rendez-vous,...

"L'élevage" des clients actuels

L'élevage des clients existants d'ICF est fait en continu par le PDG et ses deux commerciaux. Il consiste principalement en contacts téléphoniques réguliers.

La négociation de contrats

La négociation et la signature d'un contrat se passe en collaboration avec les chefs de projets d'ICF. Dès qu'un client souhaite faire travailler un consultant d'ICF, un chef de projet lui est assigné. Il rédige le cahier des charges pour le client.

Le suivi des contrats en cours

Le suivi des contrats en cours est assuré par le commercial qui a décroché le contrat pour la partie commerciale et par le directeur technique pour la partie technique. Ce sont eux deux qui devront intervenir en cas de difficultés avec le client ou en cas de modification du contrat.

REGLES DE GESTION, SIGNATURE ET REALISATION D'UN CONTRAT

Après décision du client de faire travailler ICF sur un projet et appel téléphonique de ce dernier, le processus de signature et de réalisaton du contrat est engagé.

Le commercial auquel est lié le client commence par rédiger un projet de contrat qu'il transmet ensuite au directeur technique. Celui-ci valide alors le contrat et rédige le cahier des charges. Le cahier des charges et le contrat sont alors transmis au client qui les lit et demande d'éventuelles modifications avant signature.

Une fois le contrat signé par le client, le chantier peut démarrer. Le directeur technique choisit alors le chef de projet adéquat et lui transmet le cahier des charges et le planning du travail à réaliser. Le chef de projet lance alors le chantier et transmet le planning et les consignes de travail aux analystes-programmeurs. De plus, le chef de projet doit commander le matériel nécessaire à la bonne réalisation du contrat. Le fournisseur livre alors le matériel commandé et envoie la facture à la comptabilité d'ICF qui la règle.

Le travail de réalisation du produit peut alors démarrer. Une fois le produit finit, le chef de projet le présente au client qui peut demander d'éventuelles modifications en accord avec le contrat signé. En cas de modifications, celles-ci sont transmises par le chef de projet aux analystes-programmeurs qui réalisent le travail.

Une fois le produit fini, la recette de l'application peut être constatée. Le chef de projet envoie alors une demande de facturation à la comptabilité qui rédige la facture et l'envoie au client. Le client règle enfin la facture.

Afin de faire le bilan du contrat, le chef de projet rédige un rapport technique qu'il envoie au directeur technique et ce dernier rédige un rapport commercial qu'il envoie au commercial adéquat.

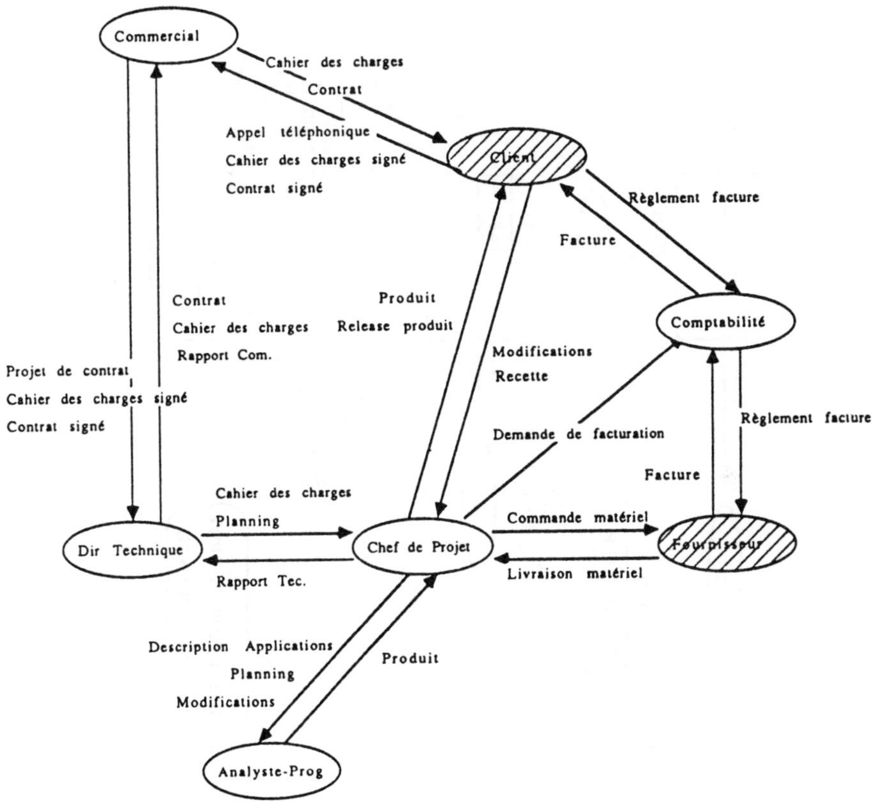

GRAPHE DES FLUX ICF
Signature et Réalisation d'un contrat

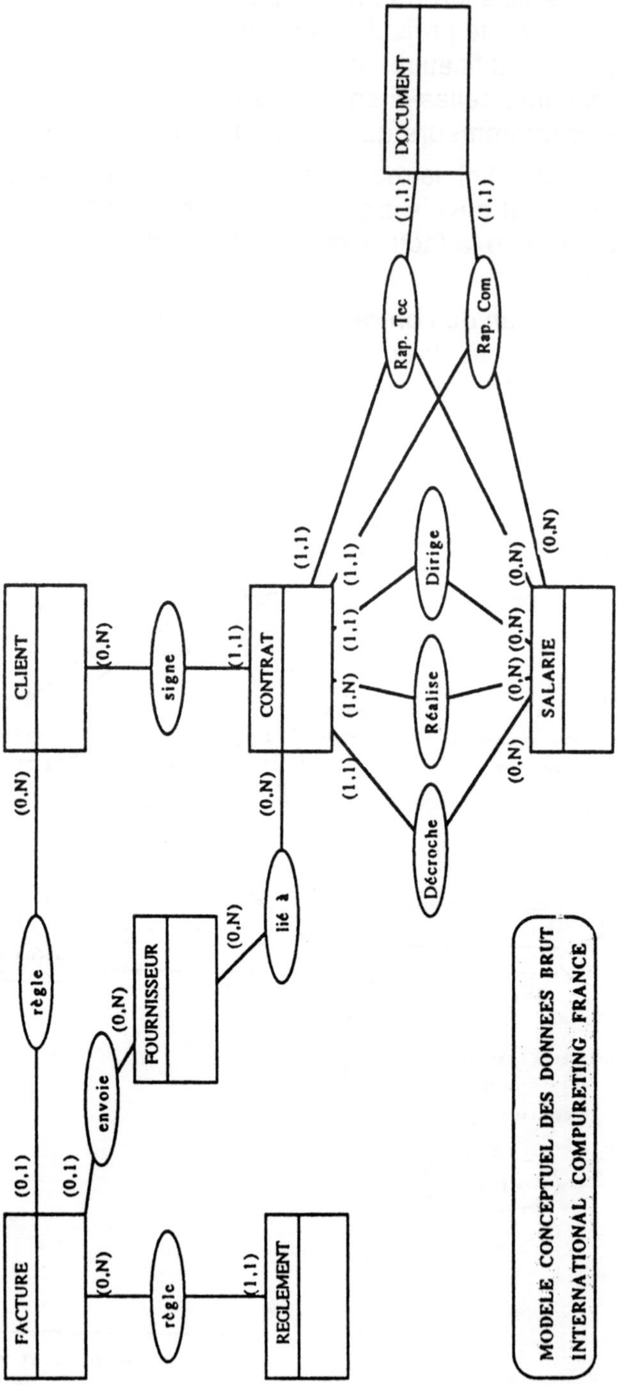
FACTURE
REGLEMENT
CLIENT
FOURNISSEUR
CONTRAT
SALARIE
DOCUMENT
règle
règle
envoie
lié à
signe
Décroche
Réalise
Dirige
Rap. Tec
Rap. Com
(0,1)
(0,1)
(0,N)
(1,1)
(0,N)
(0,N)
(0,N)
(0,N)
(0,N)
(1,1)
(1,1)
(1,N)
(1,1)
(1,1)
(1,1)
(0,N)
(0,N)
(0,N)
(0,N)
(0,N)
(1,1)
(1,1)
MODELE CONCEPTUEL DES DONNEES BRUT
INTERNATIONAL COMPURETING FRANCE

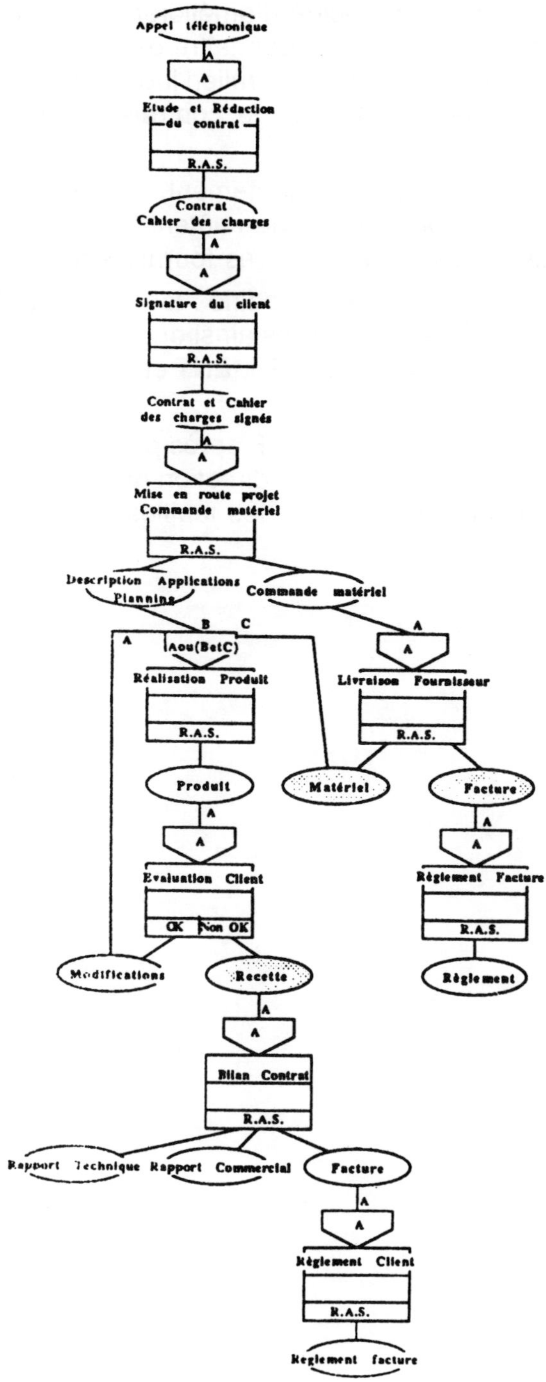
Appel téléphonique
A
A
Etude et Rédaction du contrat
R.A.S.
Contrat Cahier des charges
A
A
Signature du client
R.A.S.
Contrat et Cahier des charges signés
A
A
Mise en route projet Commande matériel
R.A.S.
Description Applications Planning
Commande matériel
B
C
A
Aou(BetC)
Réalisation Produit
R.A.S.
A
A
Livraison Fournisseur
R.A.S.
Produit
Matériel
Facture
A
A
Evaluation Client
OK
Non OK
A
A
Règlement Facture
R.A.S.
Modifications
Recette
Règlement
A
A
Bilan Contrat
R.A.S.
Rapport Technique
Rapport Commercial
Facture
A
A
Règlement Client
R.A.S.
Règlement facture

Une fois faite l'étude de l'existant par Jacques Bernard, le PDG d'ICF, Marc Julien a décidé d'améliorer sa gestion commerciale en y intégrant la possibilité de connaître exactement le coût de chacun de ses contrats. De plus, Marc Julien juge que la gestion informatique des rapports rédigés en fin de contrats est lourde et souhaite la supprimer.

Le MCD actuel est manifestement insuffisant car il n'offre pas la possibilité de connaître ce que coûtent les salariés liés à un contrat ni celle de connaître les factures fournisseurs liées à un contrat.

Le MCD doit donc être modifié : les individus FEUILLE DE PAIE et NOTE DE FRAIS sont créés ainsi que le lien entre la FACTURE et le CONTRAT. L'individu DOCUMENT et les relations qui lui sont liées doivent être détruits.

Voici le nouveau MCD d'ICF après prise en compte des nouvelles orientations souhaitées par la direction générale ainsi que le MCT du nouveau processus : Edition des feuilles de paie.

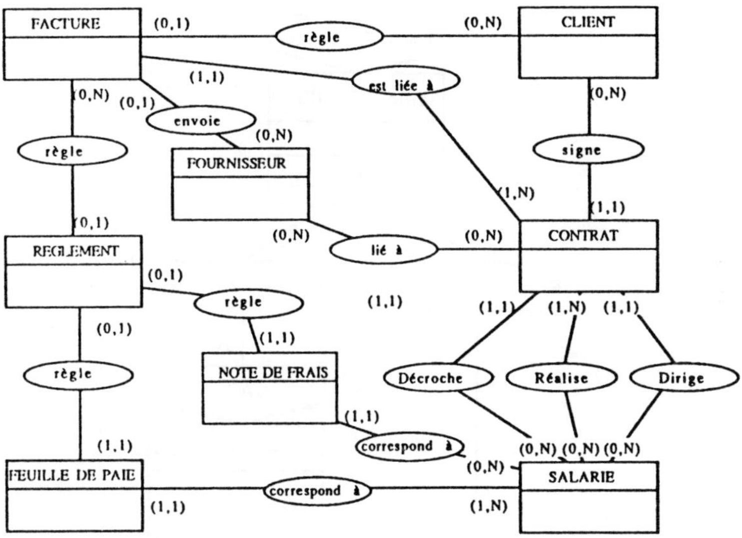

MODELE CONCEPTUEL DES DONNEES BRUT APRES PRISE EN COMPTE DES NOUVELLES ORIENTATIONS INTERNATIONAL COMPURETING FRANCE

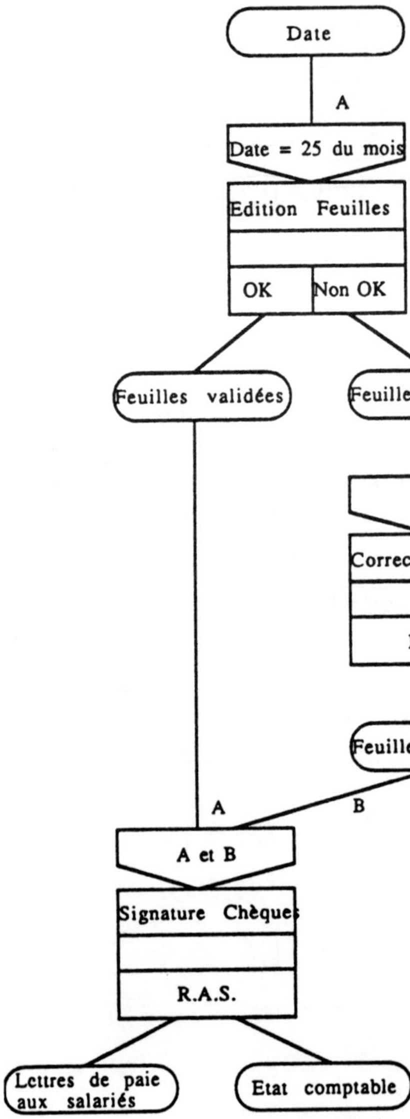
Date
A
Date = 25 du mois
Edition Feuilles
OK
Non OK
Feuilles validées
Feuilles à corriger
A
A
Correction Feuilles
R.A.S.
Feuilles corrigées
A
B
A et B
Signature Chèques
R.A.S.
Lettres de paie aux salariés
Etat comptable

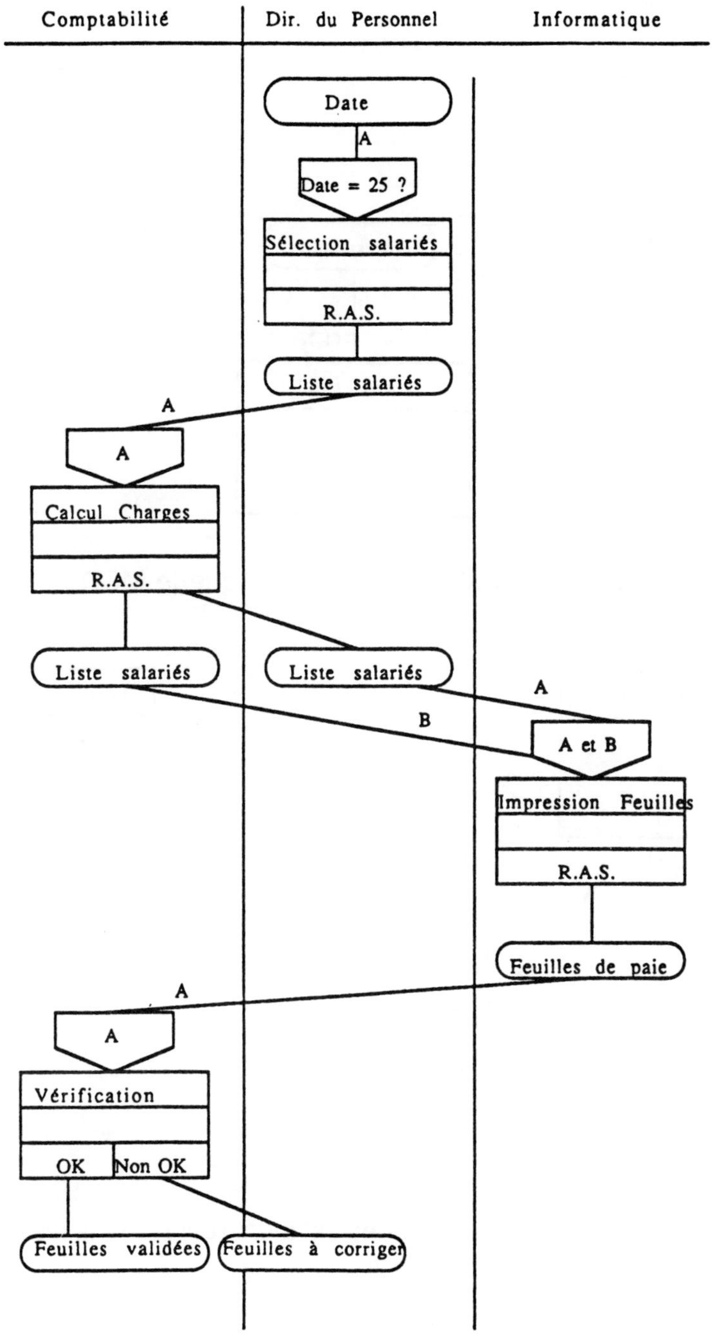
Comptabilité
Dir. du Personnel
Informatique
Date
A
Date = 25 ?
Sélection salariés
R.A.S.
Liste salariés
A
A
Calcul Charges
R.A.S.
Liste salariés
Liste salariés
A
B
A et B
Impression Feuilles
R.A.S.
Feuilles de paie
A
A
Vérification
OK
Non OK
Feuilles validées
Feuilles à corriger

La vue externe de l'opération d'impression des feuilles de paie peut être réalisée :

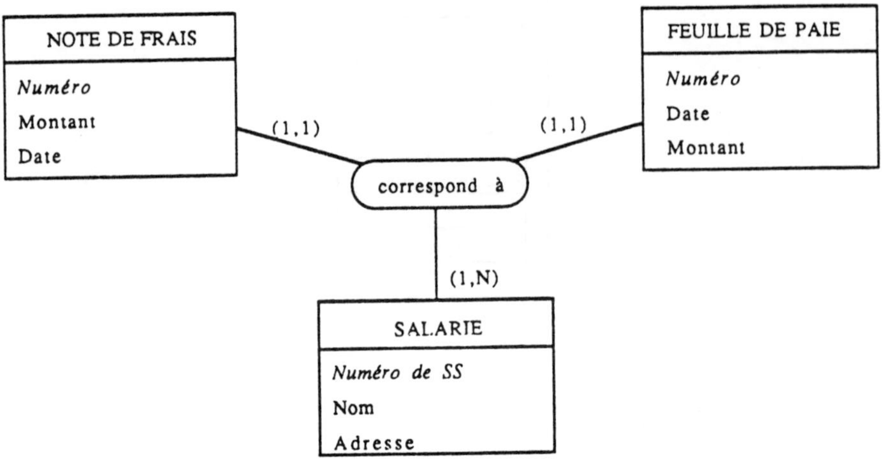

La vue externe est alors validée ainsi que le MCD :

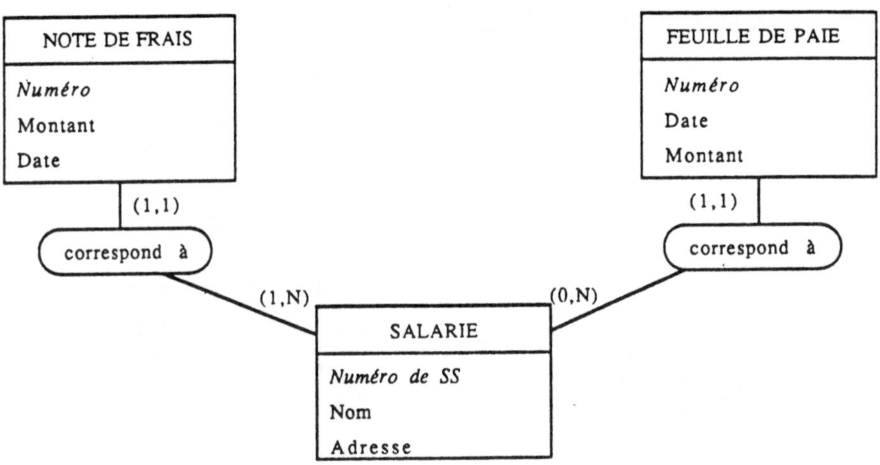

Le Modèle Logique de Données est alors réalisé dans les deux formalismes Relationnel et Codasyl.

FACTURE(Numéro.Facture,Code.Client,Code.Fournisseur,Numéro.Contrat,Montant.Facture,Taux TVA.Facture)

CLIENT(Code.Client,Adresse.Client,Numéro de tél.Client)

FOURNISSEUR(Code.Fournisseur,Adresse.Fournisseur,Numéro de tél.Fournisseur)

REGLEMENT(Numéro.Règlement,Numéro.Facture,Date.Règlement)

FEUILLE DE PAIE(Numéro.Feuille de paie,Montant.Feuille de paie,Numéro de SS.Salarié)

NOTE DE FRAIS(Numéro.Note de frais,Montant.Note de frais,Date.Note de frais,Numéro de SS.Salarié)

CONTRAT(Numéro.Contrat,Code.Client,Numéro de SS.Salarié.Décroche,Numéro de SS.Salarié.Dirige)

SALARIE(Numéro de SS.Salarié,Adresse.Salarié,Numéro de tél.Salarié)

REGLEPAIE(Numéro.Règlement,Numéro.Feuille de paie)

REGLENOTE(Numéro.Règlement,Numéro.Note de frais)

LIE A(Code.Fournisseur,Numéro.Contrat)

REALISE(Numéro.Contrat,Numéro de SS.Salarié)

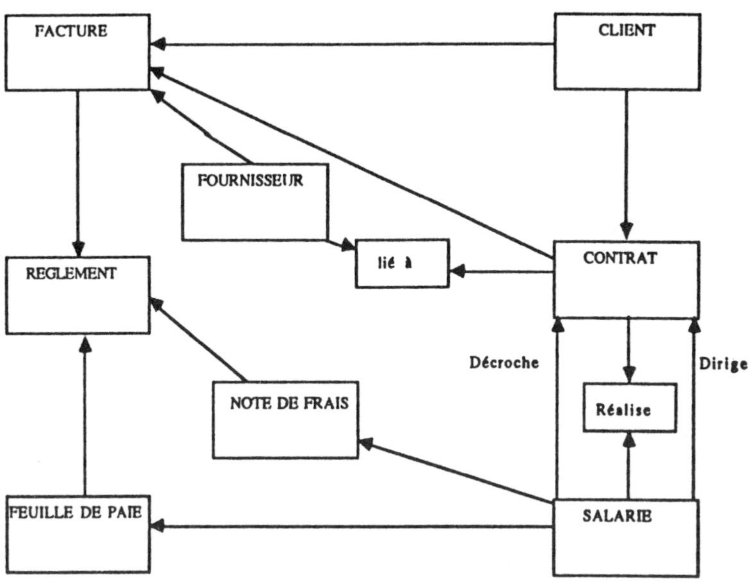

MODELE LOGIQUE DES DONNEES BRUT DANS LE FORMALISME CODASYL
INTERNATIONAL COMPURETING FRANCE

Voici enfin la description des tables SQL générées au niveau physique des données.

```
CREATE TABLESPACE CLI IN INF
 USING STOGROUP A040
  PRIQTY  2000
  SECQTY 0
  ERASE NO
 FREEPAGE 0
 PCTFREE 0
 BUFFERPOOL BPO
 LOCKSIZE TABLESPACE
 CLOSE NO;

CREATE TABLE A083B.FACTURE
 (NUMERO_FACTURE  CHAR(20),
 CODE_CLIENT  CHAR(20),
 CODE_FOURNISSEUR  CHAR(20),
 NUMERO_CONTRAT  CHAR(20),
 MONTANT_FACTURE  DECIMAL(12,2),
 TAUX_TVA_FACTURE DECIMAL(5,2))
 IN  ICF.FACT;

CREATE TABLE A083B.CLIENT
 (CODE_CLIENT  CHAR(20),
 ADRESSE_CLIENT  CHAR(40),
 NUMERO_TEL_CLIENT CHAR(10))
 IN  ICF.CLI;

CREATE TABLE A083B.FOURNISSEUR
 (CODE_FOURNISSEUR CHAR(20),
 ADRESSE_FOURNISSEUR CHAR(40),
 NUMERO_TEL_FOURNISSEUR CHAR(10))
 IN ICF.FOUR;

CREATE TABLE A083B.REGLEMENT
 (NUMERO_REGLEMENT CHAR(20)
 NUMERO_FACTURE  CHAR(20),
 DATE_REGLEMENT  CHAR(12))
 IN ICF.REGT;

CREATE TABLE A083B.PAIE
 (NUMERO_FEUILLE_PAIE CHAR(20),
 MONTANT_FEUILLE_PAIE DECIMAL(12,2),
 NUMERO_SS_SALARIE CHAR(13))
 IN  ICF.PAIE;

CREATE TABLE A083B.FRAIS
 (NUMERO_NOTE_FRAIS CHAR(20),
```

```
MONTANT_NOTE_FRAIS DECIMAL(12,2),
DATE_NOTE_FRAIS  CHAR(12),
NUMERO_SS_SALARIE CHAR(13))
IN  ICF.FRAIS;

CREATE TABLE A083B.CONTRAT
(NUMERO_CONTRAT  CHAR(20),
CODE_CLIENT  CHAR(20),
NUMERO_SS_SALARIE_DECR CHAR(13),
NUMERO_SS_SALARIE_DIRIG CHAR(13))
IN ICF.CONT;

CREATE TABLE A083B.SALARIE
(NUMERO_SS_SALARIE CHAR(13),
ADRESSE_SALARIE  CHAR(40),
NUMERO_TEL_SALARIE CHAR(10))
IN  ICF.SALA;

CREATE TABLE A083B.REGLEPAIE
(NUMERO_REGLEMENT CHAR(20),
NUMERO_FEUILLE_PAIE CHAR(20))
IN ICF.RGFR;

CREATE TABLE A083B.REGLENOTE
(NUMERO_REGLEMENT CHAR(20),
NUMERO_NOTE_FRAIS CHAR(20))
IN ICF.RGNT;

CREATE TABLE A083B.LIEA
(CODE_FOURNISSEUR CHAR(20),
NUMERO_CONTRAT  CHAR(20))
IN  ICF.LIEA;

CREATE TABLE A083B.REALISE
(NUMERO_CONTRAT  CHAR(20),
NUMERO_SS_SALARIE CHAR(13))
IN  ICF.REAL;
```

ANNEXE 2

Quelques exemples de sommaires de dossiers d'étude réalisés avec MERISE

— Schéma directeur

— Dossier de l'existant

— Dossier de choix

— Cahier des charges utilisateur

— Cahier des charges de réalisation

EXEMPLE DE SCHEMA DIRECTEUR

I. Introduction

Objectif

Champ d'étude

Méthodologie suivie

II. Diagnostic et évolution de l'organisme

Diagnostic de la situation actuelle

Perspectives d'évolution de l'organisme

Description de la solution conceptuelle
(Que voudrons-nous faire ?)

Politique en matière de Système d'Information en regard des missions fondamentales de l'organisme

III. Planification du développement

Description des solutions organisationnelles

Description des solutions techniques

Le scénario retenu:

- Description
- Conséquences:
  - Avantages
  - Risques
  - Moyens

Raisons ayant conduit à rejeter les autres scénarios

IV Plans d'action

Actions: priorités/Calendrier

Moyens (Humains, techniques,...)

Budgets

V Contrôle et suivi

Organisation du suivi

Procédures et moyens de mise en place

Actualisation

Révision

VI Annexes

Modèles globaux d'entités

Modèles d'activités

Liste des projets

Charges et budgets

Etc...

PROJET:	Chap:	Réf: Page:
Volume:	Sect: Part:	Vers: Date:

PLAN DU DOSSIER DE L'EXISTANT

I- Généralités

I.1 Présentation de Merise (appliquée au projet)

I.2 Présentation du dossier de choix

I.3 Introduction à l'environnement du projet

II - Le graphe des flux (la circulation de l'information)

II.1 Présentation du graphe des flux

II.2 Le graphe des flux du système actuel

III - Analyse des traitements

III.1 Modèle Organisationnel des Traitements (MOT)

III.2 Règles de gestion

III.3 Modèle Conceptuel des Traitements (MCT)

IV - Analyse des données

IV.1 Modèle Conceptuel des Données (MCD)

V - Diagnostic du système actuel

V.1 Points positifs

V.2 Points négatifs

VI - Annexes

VI.1 Documentation des individus (cf. exemple ci-après)

VI.2 Documentation des relations (cf. exemple ci-après)

(Annexe 2)

<table>
<tr><td>PROJET:</td><td rowspan="2">Chap:
Sect:
Part:</td><td rowspan="2">Réf:
Page:
Date:
Vers:</td></tr>
<tr><td>Volume:</td></tr>
<tr><td>Code:</td><td colspan="2">Libellé de l'individu:</td></tr>
<tr><td colspan="3">COMMENTAIRE:</td></tr>
<tr><td colspan="3">EXEMPLES D'OCCURRENCES:</td></tr>
<tr><td colspan="3">DOMAINES CONCERNES:</td></tr>
<tr><td colspan="3">IDENTIFIANT:</td></tr>
<tr><td>LISTE DES PROPRIETES</td><td colspan="2">EXEMPLES D'OCCURRENCES DES PROPRIETES</td></tr>
<tr><td></td><td colspan="2"></td></tr>
</table>

PROJET:	Chap:	Réf:
	Sect:	Page:
Volume:	Part:	Date:
		Vers:
Code:	Libellé de la relation:	

COMMENTAIRE:

EXEMPLES D'OCCURRENCES:

LISTE DES PROPRIETES	EXEMPLES D'OCCURRENCES DES PROPRIETES

INDIVIDUS LIES	CARDINALITES ASSOCIEES	CODE

PLAN DU DOSSIER DE CHOIX

<u>I - Généralités</u>

I.1 Présentation des principes de MERISE

I.2 Présentation du projet

I.3 Présentation du dossier de choix

<u>II - Diagnostic de l'existant (ceci peut être un rappel)</u>

II.1 Sur le plan des traitements

II.2 Sur le plan des données

<u>III - Etude des traitements</u>

III.1 Introduction

III.2 Le Modèle Conceptuel des Traitements (MCT)

III.3 Règles de gestion

III.4 Le Modèle Organisationnel des Traitements (MOT)

III.5 Règles d'organisation

III.6 Choix en vue de l'organisation future du travail

<u>IV - Etude des données</u>

IV.1 Introduction

IV.2 Le Modèle Conceptuel des Données (MCD)

IV.3 Choix en vue de la nouvelle architecture des données

<u>V - Synthèse</u>

<u>VI - Annexes</u>

VI.1 Documentation des individus

VI.2 Documentation des relations

SOMMAIRE DU CAHIER DES CHARGES UTILISATEUR

I - Présentation générale

I.1 Objectif du cahier des charges utilisateur

I.2 Présentation du projet

II - Etude des traitements

II.1 Modèle Organisationnel des Traitements (MOT)

II.2 Description détaillée des procédures (y compris règles d'organisation)

III - Etude des données

III.1 Modèle Conceptuel des Données (MCD)

III.2 Modèle Logique des Données (MLD)

III.3 Quantification

IV - Etude des contraintes

IV.1 Politique de sécurité

IV.2 Politique des erreurs

IV.3 etc...

V - Conclusion

VI - Annexes

VI.1 Définition des records et sets du Codasyl ou tables relationnelles

VI.2 Liste des états et écrans par procédure avec leur enchaînement

SOMMAIRE DU CAHIER DES CHARGES DE REALISATION

ANNEXE 3

Exemples de documents de conduites de projet avec MERISE

— Diagramme Gannt du projet
— Plan de charge par personne
— Suivi du plan de charge par personne
— Tableau de bord pour le chef de projet

DIAGRAMME GANNT DU PROJET

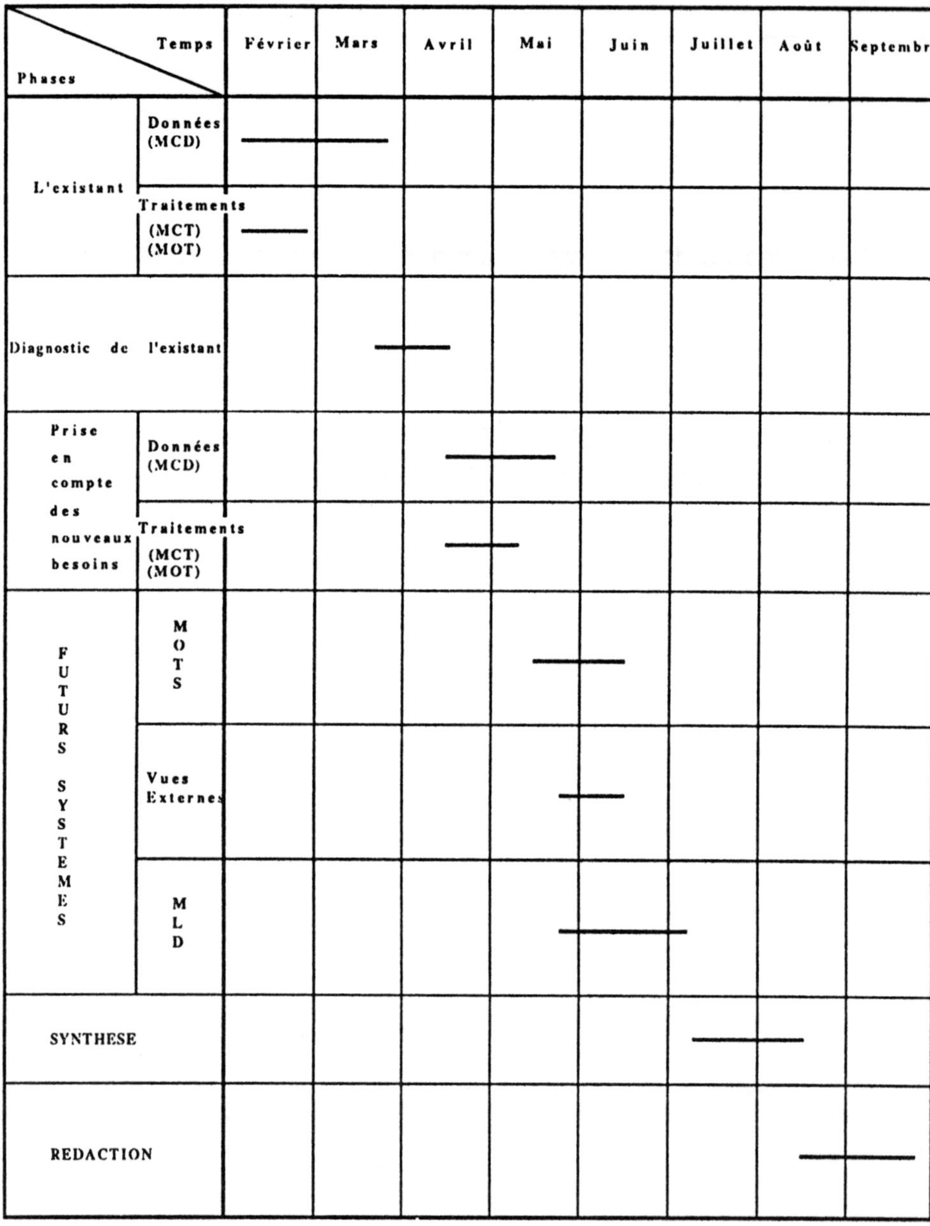

(Annexe 3)

PLAN DE CHARGES DE Mr ...

- ESTIMATION -

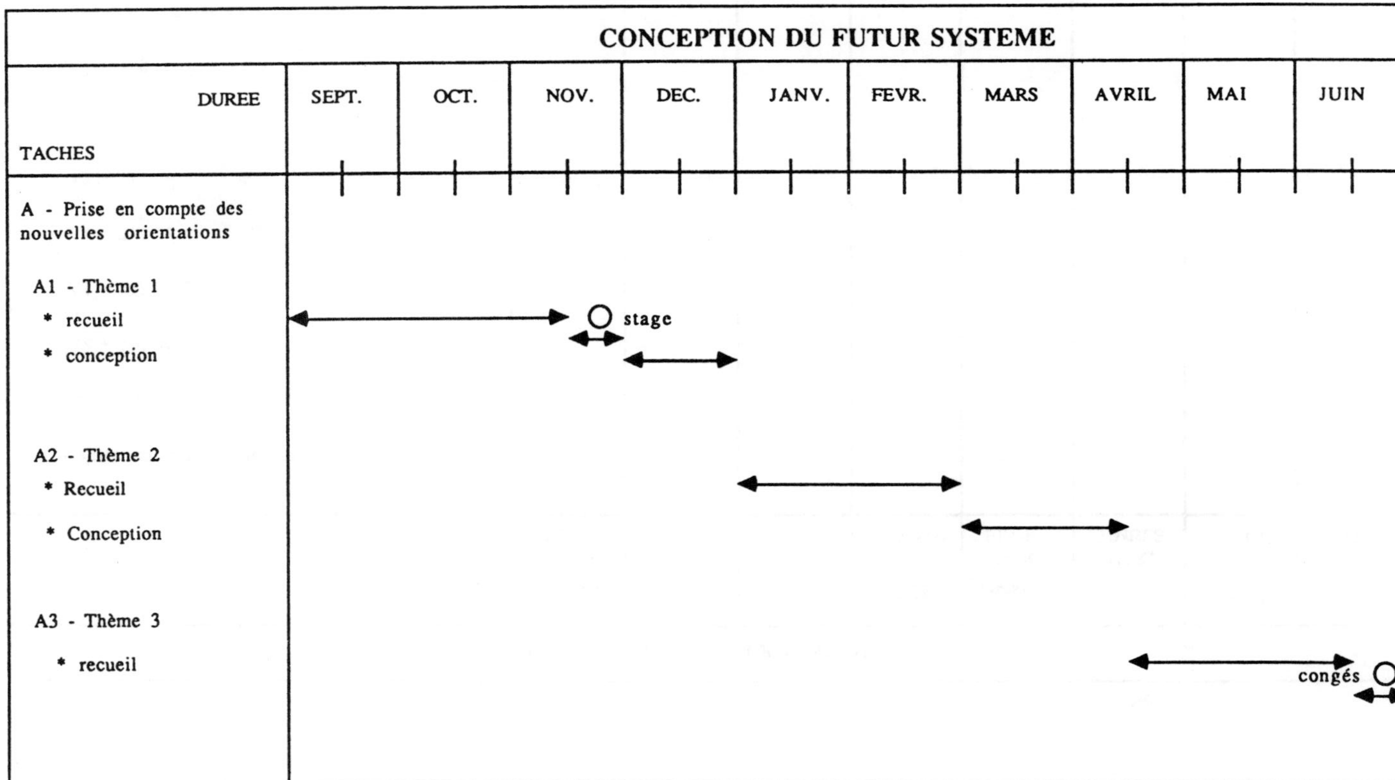

SUIVI DU PLAN DE CHARGES

FICHE N°:

Nom:

CONCEPTION DU FUTUR SYSTEME								
	DATES		TEMPS (jours)				AVANCEMENT	
	DEBUT	FIN	PREVU	CONSOMME	POUR FINIR	ECART CUMULE	% TACHE	DATE
A - Prise en compte des nouvelles orientations								
A1 - Thème 1								
A2 - Thème 2								
A3 - Thème 3								
A4 - Thème 4								
A5 - Thème 5								
A6 - Thème 6								
A7 - Thème 7								
A8 - Autres tâches								

OBSERVATIONS: ...

TABLEAU DE BORD - SITUATION DU PROJET

AVANCEMENT / TACHES / TEMPS

Date: Numéro:

CONCEPTION DU FUTUR SYSTEME							
TACHES / THEMES	ANALYSE DE LA REGLEMENTATION ET PRISE EN COMPTE DES BESOINS		Temps GAIN/ RETARD (jours)	MODELISATION REGLEMENTATION ET PRISE EN COMPTE DES BESOINS		Temps GAIN/ RETARD (jours)	Temps GAIN/ RETARD (jours)
	PREVU (1)	REALISE (2)	(3)	PREVU (1)	REALISE (2)	(3)	(4)
A - Prise en compte des nouvelles orientations A1 -							
A2 -							
A3 -							
A4 -							
A5 -							
A6 -							
A7 -							
A8 -							
GAIN/RETARD EN TEMPS (jours) POUR L'ENSEMBLE DES THEMES ET POUR UNE TACHE							
GAIN/RETARD EN TEMPS (jours) POUR L'ENSEMBLE DES THEMES ET DES TACHES							

NOTA:

(1) Pourcentage de la tâche prévu d'être terminé à la date de création du tableau de bord

(2) Pourcentage de la tâche réalisé à la date de création du tableau de bord

(3) Gain ou retard en jours pour un thème et une tâche

(4) Gain ou retard en jours pour un thème et l'ensemble des tâches

ANNEXE 4

Présentation comparative de dix principaux outils MERISE du marché

NOM ET ADRESSE DE LA SOCIETE ?	
1 - PAC DESIGN	: CGI (Compagnie Générale d'Informatique) 40.77.25.00
2 - PRINCIPIA	: SEMAGROUP (anciennement SEMA-METRA) 46.57.13.00
3 - EXCELERATOR	: CAP SOGETI 43.20.13.81
4 - ESPACE MICRO	: GAMMA INTERNATIONAL 42.89.26.61
5 - MESSAGE SPECIFICATION	: CECIMA (Groupe SAGES) 47.37.13.30
6 - SOFTPEN	: SOFTPEN CORP 40.44.96.96
7 - AMERIC	: S.D.P. 45.06.53.40
8 - GRAPHTALK	: RANK XEROX 47.62.10.78
9 - SYSTEME DELF	: DELF 30.57.54.45
10 - CONCEPTOR	: IBSI 45.30.07.02

SECTEUR SPECIALISE D'ACTIVITE ?	
1 - PAC DESIGN	: CGI: Ingéniérie informatique et conseil (formation et assistance) méthodologique (Merise,...)
2 - PRINCIPIA	: SEMAGROUP: Ingéniérie information, stratégie, conseil méthodologique (Merise,...)
3 - EXCELERATOR	: CAP SOGETI: Ingéniérie informatique, stratégie, schémas directeurs
4 - ESPACE MICRO	: GAMMA INTERNATIONAL: Conseil et assistance méthodes et ingéniérie informatique (schémas directeurs, Merise,...)
5 - MESSAGE SPECIFICATION	: CECIMA: Ingéniérie informatique, conseil et assistance méthodes.
6 - SOFTPEN	: SOFTPEN CORP: Conseil et assistance méthodes ingéniérie
7 - AMERIC	: SDP: Ingéniérie, conseil et assistance méthodes (débuts)
8 - GRAPHTALK	: RANK XEROX: Génie logiciel et systèmes experts (méthodes et outils)
9 - SYSTEME DELF	: DELF: Conseil et assistance méthodes
10 - CONCEPTOR	: IBSI: Ingéniérie informatique, conseil et assistance méthodes

LA SOCIETE FAIT-ELLE PARTIE DES SOCIETES QUI FONT AUTORITE EN MATIERE DE MERISE ? ET/OU QUI LA FONT EVOLUER ?

1 - **PAC DESIGN** : OUI

2 - **PRINCIPIA** : OUI

3 - **EXCELERATOR** : NON

4 - **ESPACE MICRO** : OUI

5 - **MESSAGE SPECIFICATION** : OUI

6 - **SOFTPEN** : NON

7 - **AMERIC** : NON

8 - **GRAPHTALK** : NON

9 - **SYSTEME DELF** : OUI

10 - **CONCEPTOR** : NON

ANNEE DE CONCEPTION DE L'OUTIL ?

1 - **PAC DESIGN** : Mi 1986

2 - **PRINCIPIA** : 1986

3 - **EXCELERATOR** : 1987

4 - **ESPACE MICRO** : 1986

5 - **MESSAGE SPECIFICATION** : Fin 1985

6 - **SOFTPEN** : Fin 1985

7 - **AMERIC** : Début 1986

8 - **GRAPHTALK** : Fin 1986

9 - **SYSTEME DELF** : 1987

10 - **CONCEPTOR** : Début 1986

NOMBRE DE SITES ?
NOMBRE DE POSTES INSTALLES ?

1 - PAC DESIGN	: Sites: 55/60 Postes: 200
2 - PRINCIPIA	: 10 postes de conception (20 sites, dont aucun ne possède l'atelier au complet)
3 - EXCELERATOR	: 30 sites 100 copies (postes)
4 - ESPACE MICRO	: 115/125 sites 715 postes
5 - MESSAGE SPECIFICATION	: 100 sites 280 postes
6 - SOFTPEN	: 40 sites (25 mainframes/15 micros) 300 exemplaires
7 - AMERIC	: 5 sites
8 - GRAPHTALK	: 10 sites (ces sites n'utilisent pas Graftalk comme outil d'aide à la conception) 15 postes
9 - SYSTEME DELF	: 7 sites 11 copies
10 - CONCEPTOR	: 30 sites 200 postes

PRIX DE L'OUTIL ?

1 - PAC DESIGN	: Pac Design: 180.000 (licence=droit d'usage) Dico (nécessaire au fonctionnement de l'outil: 300.000) Gestionnaire de documentation: 55.000
2 - PRINCIPIA	: 35.000 par poste (30 postes ==> 20.000 par poste)
3 - EXCELERATOR	: 75.000: 1er poste 67.500 par poste: 2ème au 5ème poste 63.750 par poste: 6ème au 9ème poste
4 - ESPACE MICRO	: 90.000 par poste: 1er au 2ème poste 70.000 par poste: 3ème au 4ème poste 25.000 par poste: 10ème poste
5 - MESSAGE SPECIFICATION	: Licence de 50.000 (comprenant la 1ère copie) 2ème copie: 6.000, etc...
6 - SOFTPEN	: Mainframes: 5 postes pour 160.000 PC: 60.000 pour le 1er poste (pour 10 postes: prix moyen de 30.000 par poste)
7 - AMERIC	: 50.000 par poste
8 - GRAPHTALK	: Licence Merise: 50.000 (+120.000 pour le matériel)
9 - SYSTEME DELF	: 110.000 pour le premier poste (gestionnaire du dictionnaire=80.000 + module graphique=25.000 + maquettage=5.000) 16.000 pour les postes supplémentaires jusqu'au 3ème poste
10 - CONCEPTOR	: 130.000 pour le 1er poste 25.000 pour les autres

COUT DE LA MAINTENANCE ?

1 - PAC DESIGN	: 15 % annuellement (Gratuit la première année)
2 - PRINCIPIA	: 15 % annuellement (gratuit la première année)
3 - EXCELERATOR	: 15 % annuellement (gratuit la première année)
4 - ESPACE MICRO	: 12 % annuellement (gratuit la première année)
5 - MESSAGE SPECIFICATION	: 12 % annuellement (gratuit la première année)
6 - SOFTPEN	: 15 % annuellement (gratuit la première année)
7 - AMERIC	: 12 % annuellement (gratuit la première année)
8 - GRAPHTALK	: 5 % annuellement (gratuit la première année)
9 - SYSTEME DELF	: 12 % annuellement (gratuit la première année)
10 - CONCEPTOR	: 12,5 % annuellement (gratuit la première année)

L'OUTIL EST-IL COMMERCIALISE ?

1 - PAC DESIGN	: OUI
2 - PRINCIPIA	: Officiellement début 1989 (vis à vis de la presse)
3 - EXCELERATOR	: OUI
4 - ESPACE MICRO	: OUI
5 - MESSAGE SPECIFICATION	: OUI
6 - SOFTPEN	: OUI
7 - AMERIC	: OUI
8 - GRAPHTALK	: OUI
9 - SYSTEME DELF	: OUI
10 - CONCEPTOR	: OUI

LANGAGE DANS LEQUEL EST ECRIT L'OUTIL ?	
1 - **PAC DESIGN**	: PACBASE (sur site central) Micro: SUB-C, un langage orienté objet tiré de C
2 - **PRINCIPIA**	: COBOL (sur mainframe) et C (sur micro)
3 - **EXCELERATOR**	: C
4 - **ESPACE MICRO**	: C (et MS/WINDOWS)
5 - **MESSAGE SPECIFICATION**	: C et BASIC Compilé
6 - **SOFTPEN**	: LIPS (ce n'est pas LISP)
7 - **AMERIC**	: C sous ORACLE
8 - **GRAPHTALK**	: INTERLISP-D
9 - **SYSTEME DELF**	: DBASE III
10 - **CONCEPTOR**	: C et DBASE III

QUEL EST L'ENVIRONNEMENT MINIMUM NECESSAIRE AU BON FONCTIONNEMENT DE L'OUTIL ?	
1 - **PAC DESIGN**	: DICO de PACBASE et MS/DOS (+ souris)
2 - **PRINCIPIA**	: MS/WINDOWS (+ souris)
3 - **EXCELERATOR**	: MS/DOS (+ carte graphique EGA et souris)
4 - **ESPACE MICRO**	: MS/WINDOWS (+ souris)
5 - **MESSAGE SPECIFICATION**	: MS/WINDOWS (+ souris)
6 - **SOFTPEN**	: MS/DOS avec carte graphique EGA (sur micro) VMS ou MVS (sur mainframes)
7 - **AMERIC**	: MS/WINDOWS et ORACLE (partie run-time)
8 - **GRAPHTALK**	: X-AIE (fourni par RANK XEROX) (+ souris)
9 - **SYSTEME DELF**	: MS/DOS (sans MS/WINDOWS)
10 - **CONCEPTOR**	: MS/DOS (+ carte EGA ou HERCULE et souris)

TAILLE (en Ko) DE L'OUTIL EN MEMOIRE CENTRALE ?

1 - PAC DESIGN	: 640 Ko
2 - PRINCIPIA	: 2 Mo
3 - EXCELERATOR	: 640 Ko
4 - ESPACE MICRO	: 640 Ko
5 - MESSAGE SPECIFICATION	: 640 Ko
6 - SOFTPEN	: 640 Ko
7 - AMERIC	: 2,5 Mo (version Oracle)
8 - GRAPHTALK	: 10 Mo
9 - SYSTEME DELF	: 640 Ko
10 - CONCEPTOR	: 500 Ko

EXISTE-T-IL DIFFERENTS NIVEAUX D'UTILISATION DE L'OUTIL (EXPERTS, DEBUTANTS, ETC...) ?

1 - PAC DESIGN	: Standard
2 - PRINCIPIA	: Débutant/expert
3 - EXCELERATOR	: Standard
4 - ESPACE MICRO	: Standard
5 - MESSAGE SPECIFICATION	: Standard
6 - SOFTPEN	: Standard
7 - AMERIC	: Standard
8 - GRAPHTALK	: Standard
9 - SYSTEME DELF	: Standard
10 - CONCEPTOR	: Expert/Novice

QUELS SONT LES NIVEAUX DE MERISE SUPPORTES ?

1 - PAC DESIGN	: les 3 niveaux
2 - PRINCIPIA	: les 3 niveaux
3 - EXCELERATOR	: les 3 niveaux
4 - ESPACE MICRO	: les 3 niveaux
5 - MESSAGE SPECIFICATION	: les niveaux conceptuel et organisationnel (pas de niveau logique de données)
6 - SOFTPEN	: les 3 niveaux
7 - AMERIC	: les 3 niveaux mais uniquement pour la partie données
8 - GRAPHTALK	: les 3 niveaux mais sauf le MOpT
9 - SYSTEME DELF	: les 3 niveaux
10 - CONCEPTOR	: les 3 niveaux

QUELS SONT LES DIFFERENTS MODELES DE MERISE SUPPORTES ?

1 - PAC DESIGN	: MCD/MLD/MPD/MCT/MOT/MPT
2 -PRINCIPIA	: MCD/MLD/MPD/MCT/MOT/MPT
3 - EXCELERATOR	: MCD/MLD/MPD/MCT/MOT/MPT
4 - ESPACE MICRO	: MCD/MLD/MPD/MCT/MOT/MPT MCC et MOC (modèles de communication)
5 - MESSAGE SPECIFICATION	: MCD/MCT/MOT
6 - SOFTPEN	: MCD/MLD/MPD/MCT/MOT/MPT
7 - AMERIC	: MCD/MLD/MPD
8 - GRAPHTALK	: MCD/MLD/MPD/MCT/MOT
9 - SYSTEME DELF	: MCD/MLD/MPD/MCT/MOT/MPT
10 - CONCEPTOR	: MCD/MLD/MPD/MCT/MOT/MPT

QUEL EST LE MODE DE DIALOGUE ENTRE L'OUTIL ET L'UTILISATEUR ?

1 - PAC DESIGN	: Graphique et texte
2 - PRINCIPIA	: Graphique et texte
3 - EXCELERATOR	: Graphique et texte
4 - ESPACE MICRO	: Graphique et texte
5 - MESSAGE SPECIFICATION	: Graphique et texte
6 - SOFTPEN	: Graphique et texte
7 - AMERIC	: Graphique et texte
8 - GRAPHTALK	: Graphique et texte
9 - SYSTEME DELF	: Graphique et texte
10 - CONCEPTOR	: Graphique et texte

Y A-T-IL UN "HELP" ON-LINE INTEGRE A L'OUTIL ?

1 - PAC DESIGN	: OUI
2 - PRINCIPIA	: OUI
3 - EXCELERATOR	: OUI
4 - ESPACE MICRO	: NON
5 - MESSAGE SPECIFICATION	: NON
6 - SOFTPEN	: OUI
7 - AMERIC	: OUI
8 - GRAPHTALK	: OUI
9 - SYSTEME DELF	: OUI
10 - CONCEPTOR	: OUI

LA DOCUMENTATION DES ENTITES/RELATIONS MERISE EST-ELLE EFFECTUEE EN MEME TEMPS QUE LEUR CREATION GRAPHIQUE ?

1 - PAC DESIGN	: OUI
2 - PRINCIPIA	: OUI
3 - EXCELERATOR	: OUI
4 - ESPACE MICRO	: OUI
5 - MESSAGE SPECIFICATION	: OUI
6 - SOFTPEN	: OUI
7 - AMERIC	: OUI (mais pas complètement)
8 - GRAPHTALK	: OUI
9 - SYSTEME DELF	: OUI
10 - CONCEPTOR	: OUI

Y A-T-IL UN MOYEN DE VERIFIER QUE TOUTE ENTITE AIT UN IDENTIFIANT ?

1 - PAC DESIGN	: OUI
2 - PRINCIPIA	: OUI
3 - EXCELERATOR	: OUI
4 - ESPACE MICRO	: OUI
5 - MESSAGE SPECIFICATION	: OUI
6 - SOFTPEN	: OUI
7 - AMERIC	: OUI
8 - GRAPHTALK	: OUI
9 - SYSTEME DELF	: OUI
10 - CONCEPTOR	: OUI

PEUT-ON CREER DES ENTITES QUI NE SOIENT PAS FINALEMENT CONNECTEES A D'AUTRES ?

1 - PAC DESIGN	: NON
2 - PRINCIPIA	: NON
3 - EXCELERATOR	: NON
4 - ESPACE MICRO	: NON
5 - MESSAGE SPECIFICATION	: NON
6 - SOFTPEN	: NON
7 - AMERIC	: NON
8 - GRAPHTALK	: NON
9 - SYSTEME DELF	: NON
10 - CONCEPTOR	: NON

TOUTE PROPRIETE DOIT-ELLE ETRE AFFECTEE A UNE ENTITE OU A UNE RELATION ?

1 - PAC DESIGN	: OUI
2 - PRINCIPIA	: OUI
3 - EXCELERATOR	: OUI
4 - ESPACE MICRO	: OUI
5 - MESSAGE SPECIFICATION	: OUI
6 - SOFTPEN	: OUI
7 - AMERIC	: OUI
8 - GRAPHTALK	: OUI
9 - SYSTEME DELF	: OUI
10 - CONCEPTOR	: OUI

PEUT-ON CREER DES ENTITES DISTINCTES AYANT UN MEME IDENTIFIANT ?

1 - PAC DESIGN	: NON
2 - PRINCIPIA	: NON
3 - EXCELERATOR	: NON
4 - ESPACE MICRO	: NON
5 - MESSAGE SPECIFICATION	: NON
6 - SOFTPEN	: NON
7 - AMERIC	: NON
8 - GRAPHTALK	: NON
9 - SYSTEME DELF	: NON
10 - CONCEPTOR	: NON

PEUT-ON CREER DEUX RELATIONS DIFFERENTES AYANT CEPENDANT UN MEME IDENTIFIANT ?

1 - PAC DESIGN	: NON
2 - PRINCIPIA	: NON
3 - EXCELERATOR	: NON
4 - ESPACE MICRO	: NON
5 - MESSAGE SPECIFICATION	: NON
6 - SOFTPEN	: NON
7 - AMERIC	: NON
8 - GRAPHTALK	: OUI
9 - SYSTEME DELF	: NON
10 - CONCEPTOR	:NON

EST-IL POSSIBLE D'EFFECTUER UN "ZOOM" SUR UNE PARTIE D'UN MODELE ?

1 - PAC DESIGN	: OUI
2 - PRINCIPIA	: OUI
3 - EXCELERATOR	: OUI
4 - ESPACE MICRO	: OUI
5 - MESSAGE SPECIFICATION	: OUI
6 - SOFTPEN	: OUI
7 - AMERIC	: OUI
8 - GRAPHTALK	: OUI
9 - SYSTEME DELF	: OUI
10 - CONCEPTOR	: OUI

EST-IL POSSIBLE D'IMPRIMER SEULEMENT UNE PARTIE SELECTIVE DU MODELE POUR VALIDATION UTILISATEUR, PAR EXEMPLE ?

1 - PAC DESIGN	: OUI
2 - PRINCIPIA	: OUI
3 - EXCELERATOR	: OUI
4 - ESPACE MICRO	: OUI
5 - MESSAGE SPECIFICATION	: NON
6 - SOFTPEN	: OUI
7 - AMERIC	: OUI
8 - GRAPHTALK	: OUI
9 - SYSTEME DELF	: OUI
10 - CONCEPTOR	: OUI

LA DOCUMENTATION DES EVENEMENTS ET OPERATIONS CONCEPTUELLES EST-ELLE EFFECTUEE EN MEME TEMPS QUE LEUR CREATION GRAPHIQUE ?

1 - PAC DESIGN	: OUI
2 - PRINCIPIA	: OUI
3 - EXCELERATOR	: OUI ou NON (selon souhait)
4 - ESPACE MICRO	: OUI
5 - MESSAGE SPECIFICATION	: OUI
6 - SOFTPEN	: OUI
7 - AMERIC	: OUI
8 - GRAPHTALK	: OUI
9 - SYSTEME DELF	: OUI
10 - CONCEPTOR	: OUI

PEUT-ON AVOIR DES PROCESSUS OU OPERATIONS CONCEPTUELLES SANS EVENEMENTS DECLENCHEURS OU RESULTATS ?

1 - PAC DESIGN	: NON
2 - PRINCIPIA	: NON
3 - EXCELERATOR	: NON
4 - ESPACE MICRO	: NON
5 - MESSAGE SPECIFICATION	: NON
6 - SOFTPEN	: NON
7 - AMERIC	: NON
8 - GRAPHTALK	: NON
9 - SYSTEME DELF	: NON
10 - CONCEPTOR	: NON

QUELS SONT LES TYPES DE MODELES LOGIQUES DE DONNEES SUPPORTES PAR L'OUTIL ?

1 - PAC DESIGN	: Hiérarchique, Réseau, Relationnel
2 - PRINCIPIA	: Hiérarchique, Réseau, Relationnel
3 - EXCELERATOR	: Réseau, Relationnel
4 - ESPACE MICRO	: Réseau, Relationnel
5 - MESSAGE SPECIFICATION	: Réseau (1er semestre 89) Relationnel (1er semestre 89)
6 - SOFTPEN	: Relationnel (pouvant être mis en place rapidement) Réseau Hiérarchique (pouvant être mis en place rapidement)
7 - AMERIC	: Relationnel
8 - GRAPHTALK	: Réseau, Relationnel
9 - SYSTEME DELF	: Réseau, Relationnel
10 - CONCEPTOR	: Réseau, Relationnel

L'OUTIL PERMET-IL DE FAIRE UNE PREMIERE OPTIMISATION ?

1 - PAC DESIGN	: NON
2 - PRINCIPIA	: OUI
3 - EXCELERATOR	: NON
4 - ESPACE MICRO	: NON
5 - MESSAGE SPECIFICATION	: NON
6 - SOFTPEN	: NON
7 - AMERIC	: NON
8 - GRAPHTALK	: OUI
9 - SYSTEME DELF	: NON
10 - CONCEPTOR	: OUI

QUELS SONT LES MODELES PHYSIQUES DE DONNEES GENERES ?

1 - PAC DESIGN	: Hiérarchique, Codasyl, Relationnel
2 - PRINCIPIA	: Codasyl, Relationnel
3 - EXCELERATOR	: Codasyl, Relationnel
4 - ESPACE MICRO	: Relationnel (SQL, DB2, ORACLE)
5 - MESSAGE SPECIFICATION	: Rien
6 - SOFTPEN	: FOCUS (Relationnel)
7 - AMERIC	: Relationnel
8 - GRAPHTALK	: Codasyl, Relationnel
9 - SYSTEME DELF	: Fichier classique, Codasyl, Relationnel
10 - CONCEPTOR	: Codasyl, Relationnel

L'OUTIL (DE CONCEPTION) EST-IL INTERFACE AVEC UN GENERATEUR DE CODE OU D'APPLICATIONS ?

1 - PAC DESIGN	: OUI: PACBASE
2 - PRINCIPIA	: OUI: Outils de développement de la SEMA
3 - EXCELERATOR	: OUI: TELON, APS, MICROFOCUS, etc...
4 - ESPACE MICRO	: OUI (MEGA Réalisation), DELTA, TELON, etc...
5 - MESSAGE SPECIFICATION	: OUI: PALAS, UNIFACE
6 - SOFTPEN	: OUI: Outils propres à la gamme SOFTPEN
7 - AMERIC	: OUI: avec ORACLE uniquement
8 - GRAPHTALK	: OUI: TELON (les accords avec PANSOPHIC ont été signés; disponible au 1er mars)
9 - SYSTEME DELF	: OUI: Atelier SIS, OPUS, etc...
10 - CONCEPTOR	: OUI: TELON, PACBASE, DELTA (intégration), etc...

L'OUTIL PERMET-IL DE RAPPROCHER LES DONNEES DES TRAITEMENTS (VERIFICATION COHERENTE DONNEES/TRAITEMENTS) ?

1 - PAC DESIGN	: OUI
2 - PRINCIPIA	: OUI
3 - EXCELERATOR	: NON
4 - ESPACE MICRO	: OUI
5 - MESSAGE SPECIFICATION	: OUI
6 - SOFTPEN	: OUI
7 - AMERIC	: NON
8 - GRAPHTALK	: OUI
9 - SYSTEME DELF	: OUI
10 - CONCEPTOR	: OUI

L'OUTIL POSSEDE-T-IL UN META-MODELE ?

1 - PAC DESIGN	: OUI
2 - PRINCIPIA	: OUI
3 - EXCELERATOR	: OUI
4 - ESPACE MICRO	: OUI
5 - MESSAGE SPECIFICATION	: OUI
6 - SOFTPEN	: OUI
7 - AMERIC	: OUI
8 - GRAPHTALK	: OUI
9 - SYSTEME DELF	: OUI
10 - CONCEPTOR	: OUI

LE META-MODELE EST-IL EVOLUTIF ?
(La modification du méta-modèle ne doit pas être considérée comme un jeu sans conséquences: elle est en tous cas l'affaire de spécialistes méthodes)

1 - PAC DESIGN	: OUI
2 - PRINCIPIA	: OUI
3 - EXCELERATOR	: OUI (le CUSTOMIZER d'un coût de 80.000 F permet de modifier soi-même le méta-modèle)
4 - ESPACE MICRO	: OUI
5 - MESSAGE SPECIFICATION	: OUI
6 - SOFTPEN	: OUI
7 - AMERIC	: NON
8 - GRAPHTALK	: OUI (le plus évolutif)
9 - SYSTEME DELF	: NON
10 - CONCEPTOR	: NON

Y A-T-IL UN LANGAGE DE REQUETE (A DES FINS STATISTIQUES, ETC...) ?

1 - PAC DESIGN	: OUI
2 - PRINCIPIA	: OUI
3 - EXCELERATOR	: NON
4 - ESPACE MICRO	: NON (sur micro) OUI (sur site central)
5 - MESSAGE SPECIFICATION	: NON (mais des états statistiques sont prévus)
6 - SOFTPEN	: OUI (dans le cas de la version avec ORACLE)
7 - AMERIC	: OUI (sous forme SQL)
8 - GRAPHTALK	: OUI (sous forme SQL)
9 - SYSTEME DELF	: NON
10 - CONCEPTOR	: OUI

L'OUTIL SAIT-IL PRENDRE EN COMPTE LES CAS DIFFICILES ET/OU LES EXTENSIONS RECENTES DE MERISE ?

1 - PAC DESIGN : NON

2 - PRINCIPIA : OUI

3 - EXCELERATOR : NON

4 - ESPACE MICRO : OUI

5 - MESSAGE SPECIFICATION : NON

6 - SOFTPEN : NON

7 - AMERIC : NON

8 - GRAPHTALK : OUI

9 - SYSTEME DELF : NON

10 - CONCEPTOR : NON

EST-IL POSSIBLE DE CONSOLIDER LES MODELES ?

1 - PAC DESIGN : OUI

2 - PRINCIPIA : OUI

3 - EXCELERATOR : OUI

4 - ESPACE MICRO : OUI

5 - MESSAGE SPECIFICATION : OUI

6 - SOFTPEN : OUI

7 - AMERIC : OUI

8 - GRAPHTALK : OUI

9 - SYSTEME DELF : OUI

10 - CONCEPTOR : OUI

L'OUTIL PERMET-IL DE FAIRE DU MAQUETTAGE ?

1 - PAC DESIGN	: OUI
2 - PRINCIPIA	: NON (sur micro) OUI (sur mainframe)
3 - EXCELERATOR	: OUI
4 - ESPACE MICRO	: OUI
5 - MESSAGE SPECIFICATION	: OUI
6 - SOFTPEN	: OUI
7 - AMERIC	: OUI (avec SQL FORMS d'ORACLE)
8 - GRAPHTALK	: NON (mais planifié pour le deuxième semestre 1989)
9 - SYSTEME DELF	: OUI
10 - CONCEPTOR	: OUI

PEUT-ON RECUPERER LES PROPRIETES CONCEPTUELLES PREALABLEMENT DEFINIES POUR FAIRE DU MAQUETTAGE ?

1 - PAC DESIGN	: OUI
2 - PRINCIPIA	: OUI
3 - EXCELERATOR	: OUI
4 - ESPACE MICRO	: OUI
5 - MESSAGE SPECIFICATION	: OUI
6 - SOFTPEN	: OUI
7 - AMERIC	: OUI
8 - GRAPHTALK	: OUI (lorsque cela marchera)
9 - SYSTEME DELF	: OUI
10 - CONCEPTOR	: OUI

Y A-T-IL UN TRAITEMENT DE TEXTE INTEGRE A L'OUTIL ? LEQUEL ?	
1 - PAC DESIGN	: OUI
2 - PRINCIPIA	: OUI
3 - EXCELERATOR	: NON
4 - ESPACE MICRO	: OUI
5 - MESSAGE SPECIFICATION	: NON (Message-Rapport est prévu pour juillet 1989; Word 5 est prévu pour le 1er semestre 1989)
6 - SOFTPEN	: OUI
7 - AMERIC	: OUI
8 - GRAPHTALK	: OUI
9 - SYSTEME DELF	: OUI
10 - CONCEPTOR	: OUI

L'OUTIL PERMET-IL DE SORTIR DE LA DOCUMENTATION DE PROJETS SOUS FORME DE DOSSIER D'ETUDE COMPLET AVEC SOMMAIRE, PAGINATION, ETC... ?	
1 - PAC DESIGN	: OUI
2 - PRINCIPIA	: OUI
3 - EXCELERATOR	: OUI (mais seulement si l'on achète en plus VENTURA ou PAGEMAKER)
4 - ESPACE MICRO	: OUI
5 - MESSAGE SPECIFICATION	: NON
6 - SOFTPEN	: OUI
7 - AMERIC	: OUI
8 - GRAPHTALK	: OUI
9 - SYSTEME DELF	: Pas encore, mais prévu avec la version 2 (avant l'été 1989)
10 - CONCEPTOR	: OUI

L'ACCES A L'OUTIL SE FAIT-IL PAR MOT DE PASSE ?

1 - PAC DESIGN	: OUI
2 - PRINCIPIA	: OUI
3 - EXCELERATOR	: OUI
4 - ESPACE MICRO	: NON (espace micro) OUI (site central)
5 - MESSAGE SPECIFICATION	: NON
6 - SOFTPEN	: OUI
7 - AMERIC	: NON
8 - GRAPHTALK	: OUI
9 - SYSTEME DELF	: OUI
10 - CONCEPTOR	: OUI

Y A-T-IL LA POSSIBILITE D'ACCORDER DES DROITS D'UTILISATION DIFFERENTS ?

1 - PAC DESIGN	: OUI
2 - PRINCIPIA	: NON
3 - EXCELERATOR	: OUI
4 - ESPACE MICRO	: Planifié en avril 1989 pour micro Existant à l'heure actuelle sur site central
5 - MESSAGE SPECIFICATION	: NON
6 - SOFTPEN	: OUI
7 - AMERIC	: OUI (en passant par ORACLE)
8 - GRAPHTALK	: OUI
9 - SYSTEME DELF	: NON
10 - CONCEPTOR	: OUI

QUELLE EST LA DOCUMENTATION FOURNIE AVEC L'OUTIL ? EN QUELLE LANGUE ?

1 - PAC DESIGN	: De nombreux documents en français
2 - PRINCIPIA	: De nombreux documents en français
3 - EXCELERATOR	: De nombreux documents en français
4 - ESPACE MICRO	: De nombreux documents en français
5 - MESSAGE SPECIFICATION	: De nombreux documents en français
6 - SOFTPEN	: De nombreux documents en français
7 - AMERIC	: De nombreux documents en français
8 - GRAPHTALK	: De nombreux documents en français
9 - SYSTEME DELF	: De nombreux documents en français
10 - CONCEPTOR	: De nombreux documents en français

QUELLE EST LA FORMATION PREVUE POUR L'UTILISATION DE L'OUTIL (DUREE, TYPE) ?

1 - PAC DESIGN	: 2 jours
2 - PRINCIPIA	: 2 jours (pour le poste de conception)
3 - EXCELERATOR	: 3 jours
4 - ESPACE MICRO	: 2 jours pour l'utilisation de l'outil 1 jour pour les utilitaires (tous ne sont pas concernés)
5 - MESSAGE SPECIFICATION	: 2 jours
6 - SOFTPEN	: 3 jours
7 - AMERIC	: 2 jours
8 - GRAPHTALK	: 7 jours
9 - SYSTEME DELF	: 1 jour et demi
10 - CONCEPTOR	: 3 ou 4 jours

Y A-T-IL UN SERVICE APRES-VENTE ? QUELLE EST SA FORME ?

1 - PAC DESIGN : OUI, Hot Line et assistance sur site

2 - PRINCIPIA : OUI, Hot Line et assistance sur site

3 - EXCELERATOR : OUI, Hot Line et assistance sur site

4 - ESPACE MICRO : OUI, Hot Line et assistance sur site

5 - MESSAGE SPECIFICATION : OUI, Hot Line et assistance sur site

6 - SOFTPEN : OUI, Hot Line et assistance sur ;site

7 - AMERIC : OUI, Hot Line et assistance sur site

8 - GRAPHTALK : OUI, Hot Line et assistance sur site

9 - SYSTEME DELF : OUI, Hot Line et assistance sur site

10 - CONCEPTOR : OUI, Hot Line et assistance sur site

QUEL EST LE NOMBRE DE PERSONNES FAISANT PARTIE DE L'EQUIPE DE DEVELOPPEMENT DE L'OUTIL ?

1 - PAC DESIGN : 30 techniciens

2 - PRINCIPIA : 40 techniciens

3 - EXCELERATOR : 5 techniciens

4 - ESPACE MICRO : 25 techniciens

5 - MESSAGE SPECIFICATION : 7 techniciens

6 - SOFTPEN : 13 techniciens

7 - AMERIC : 4 techniciens

8 - GRAPHTALK : 6 techniciens

9 - SYSTEME DELF : 3 techniciens

10 - CONCEPTOR : 10 techniciens

ANNEXE 5

Méta-modèle général MERISE

META-MODELE DES TROIS NIVEAUX DE MERISE

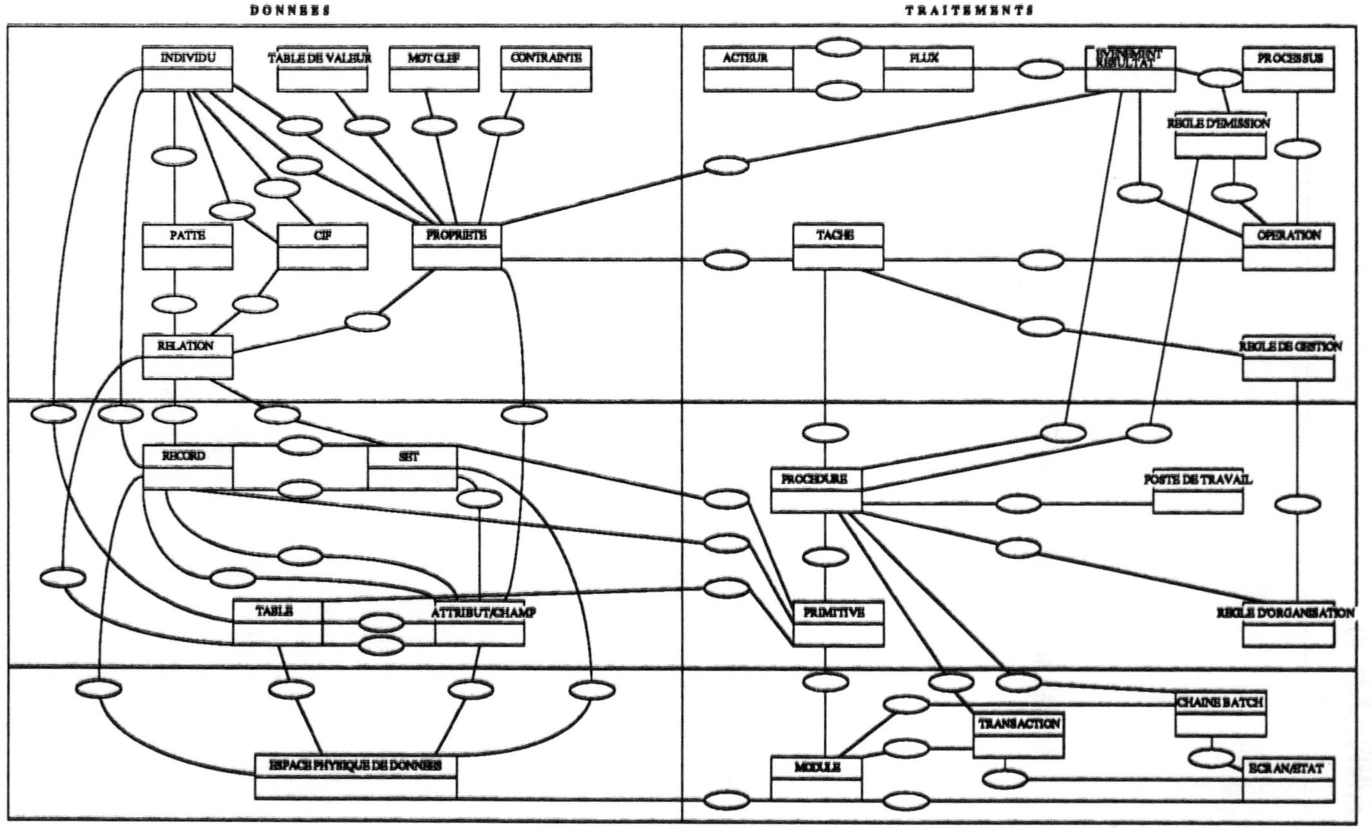

INDEX PAR AUTEUR

TABLE DES MATIERES

ANNEXES :

Imprimé en France. - JOUVE, 18, rue Saint-Denis, 75001 PARIS
N° 208153D - Dépôt légal : Février 1993
N° d'éditeur : 5544